GRAMMAIRE PRATIQUE
DE L'ARABE TCHADIEN

KARTHALA sur internet : http://www.karthala.com

Couverture :   La Marianne tchadienne (Coll. Assia T.)

© Éditions KARTHALA, 1999
ISBN : 2-86537-938-8

Patrice Jullien de Pommerol

Grammaire pratique de l'arabe tchadien

Éditions KARTHALA
22-24, boulevard Arago
75013 PARIS

Cette *Grammaire pratique de l'arabe tchadien* fait partie d'un ensemble d'ouvrages du même auteur sur l'arabe tchadien, parus aux éditions Karthala :

- *L'arabe tchadien. Emergence d'une langue véhiculaire*, 176 p., 1997 ;

- *J'apprends l'arabe tchadien*, 320 p., 1999.

- *Dictionnaire arabe tchadien – français, suivi d'un index français – arabe et d'un index des racines arabes*, 1648 p., 1999.

Avant-Propos

Ces éléments de grammaire de l'arabe tchadien ont un double but : donner des outils pratiques à ceux qui désirent apprendre et parler la langue, et fournir un matériel approprié aux professionnels qui voudraient un jour en approfondir la description.

L'essentiel de l'ouvrage vient de la recherche patiente et attentive des collaborateurs tchadiens qui ont enseigné avec nous au CEFOD la méthode *Da hayyin* : Abakar Moussa, Ahmat Mahamat, et Aché Al Borjo. Ils ont inventé, travaillé et affiné les nombreux exemples qui émaillent un discours souvent austère. Qu'ils soient tous ici remerciés pour le goût qu'ils m'ont donné de parler leur langue. Puissent-ils, avec leurs enfants, transmettre et faire découvrir à d'autres les richesses étonnantes de leur patrimoine culturel !

Introduction

Si l'on écrivait un jour l'histoire de l'arabe parlé au Tchad, il faudrait en rechercher les racines jusque dans la langue des relations commerciales et politiques qui reliaient l'Arabie préislamique au continent africain, plusieurs centaines d'années avant Jésus-Christ.

Bon nombre d'ancêtres des Arabes vivant actuellement au Tchad figuraient parmi les Arabes musulmans qui, passant par l'Égypte, ont remonté la vallée du Nil jusqu'au Soudan au XVIIe et au XVIIIe siècle, et ont sillonné la cuvette tchadienne en poussant leurs troupeaux à la recherche de nouveaux pâturages.

Les Arabes forment actuellement 12 % de la population du Tchad et sont répartis dans la zone sahélienne entre le 10e et le 14e parallèles. Leurs parlers particuliers et propres à chacune de leurs tribus se sont transmis aux non-Arabes et se sont unifiés sous l'influence des médias et des mouvements de population dus tant à l'urbanisation qu'aux famines et aux guerres[1].

Parmi la centaine de langues vivantes utilisées aujourd'hui au Tchad, l'arabe dialectal s'est alors imposé sur les marchés, dans les villes, dans les administrations et les services publics des régions situées au nord du fleuve Chari, pour finalement devenir une langue véhiculaire sur un territoire beaucoup plus vaste. Ce dialecte continue de marquer ses distances vis-à-vis de l'arabe littéraire ; il conserve les caractéristiques d'une langue de Bédouins et de marchands venus de l'Est. Bien qu'il ne soit pas encore propagé par l'écrit, il est compris par plus de 60 % de la population du pays.

---

1. Pour une introduction à l'histoire de la venue des Arabes au Tchad et à la formation d'une « koinè » arabe, nous renvoyons le lecteur à notre étude sur *L'arabe tchadien, émergence d'une langue véhiculaire*, Paris, Karthala, 1997.

Alphabets utilisés

Consonnes

arabe	phonétique	standard
ء	ʼ	ʼ
ب	b	b
ت	t	t
ث	ṯ	
ج	j	j
ح	ḥ	
خ	ḫ	x
د	d	d
ذ	ḏ	
ر	r	r
ز	z	z
س	s	s
ش	š	c
ص	ṣ	
ض	ḍ	
ط	ṭ	
ظ	ẓ	
ع	ʿ	
غ	ġ	
ف	f	f
ق	q	
ك	k	k
ل	l	l
م	m	m
ن	n	n
ه	h	h
و	w	w
ي	y	y

Autres consonnes utilisées

phonétique	standard
p	p
g	g
č	tc
ñ	ny
ŋ	ng

Voyelles brèves

arabe	standard
◌َ	a
◌ُ	u
◌ِ	i

Voyelles longues

arabe	standard
ا	â
و	û
ي	î

PREMIÈRE PARTIE

ÉCRIRE ET LIRE LA LANGUE

1
Notation des consonnes et des voyelles

Conformément aux recommandations du rapport de la mission Tchad / Unesco, nous reprenons ici les symboles proposés par le colloque de N'Djaména pour écrire l'ensemble des langues du Tchad[1].

A. Notation des consonnes

Classement selon les traits articulatoires

	labiales	dentales	palatales	vélaires	glottales
occlusives *– sourdes*	p	t	tc	k	'
– sonores	b	d	j	g	
fricatives *– sourdes*	f	s	c	x	h
– sonores		z			
nasales	m	n	ny	ng	
vibrantes		r			
continues	w	l	y		

---

1. Cf. Diagne et Fournier 1976, pp. III, 14.

Remarques :

- Pour des raisons pratiques, nous avons choisi d'écrire « **ny** » plutôt que « **ñ** ».
- De même, la palatale fricative sourde sera écrite « **c** » plutôt que « **sh** », car cette consonne, souvent géminée, devient illisible lorsqu'elle est suivie d'un pronom personnel. En effet, *geccaha* « son herbe » est plus lisible que *geshshaha*. De même, *yachad* « il quémande » est plus lisible que *yashhad*.
- Enfin, le lecteur n'aura aucune difficulté à prononcer la palatale occlusive sourde « **tc** » que l'on retrouve dans le mot *Tcâd* « Tchad ».

I. Prononciation des consonnes qui n'offrent aucune difficulté pour un francophone

t	comme dans		« table »	:	*tôb*	étoffe
tc	"	"	« Tchad »	:	*tcâtca*	il a trompé
k	"	"	« kaki »	:	*katkat*	papier
b	"	"	« bac »	:	*basal*	oignon
d	"	"	« deux »	:	*dâbi*	serpent
g	"	"	« gare »	:	*gamar*	lune
f	"	"	« farine »	:	*fâr*	rats
s	"	"	« sale »	:	*sabit*	samedi
c	"	"	« chat »	:	*câri*	rue
z	"	"	« zéro »	:	*zâd*	provisions
m	"	"	« mal »	:	*mara*	femme
n	"	"	« neuf »	:	*nâr*	feu
ny	"	"	« pagne »	:	*abalany*	singe
l	"	"	« lune »	:	*laban*	lait
p	"	"	« police »	:	*pôlîs*	policier[2]

II. Prononciation des autres consonnes

« **'** » est réalisé comme une occlusive glottale sourde. Cette consonne est facilement identifiable ; elle correspond au « coup de glotte » et provoque toujours le hiatus ou l'absence de liaison avec ce qui précède.

---

2. Le « p » s'est introduit dans la langue avec les mots d'emprunt, il est souvent prononcé [b], on entend *pôlîs* et *bôlîs* « policier », *pumbitêr* et *bumbitêr* « pommes de terre ».

(Cette consonne a la même fonction que le « h » du français dans les mots *héros, houe, hache*.)
Exemples : *ta'âl* « viens ! », *ma'â* « avec », *marfa'în* « hyène ».
Cette consonne peut être géminée comme dans les mots : *yiga''id* « il fait asseoir », *la''âb* « danseur », *sa''âl* « questionneur ».

« x » est réalisé comme une fricative vélaire sourde. Cette consonne se rapprocherait du *j* de l'espagnol dans le mot *jota*, du *ch* de l'allemand dans le mot *Bach*, ou du *kh* du mot français d'emprunt *khamsin*.
Exemples : *xidime* « travail », *dâxal* « à l'intérieur », *bôx* « vapeur ».

« h » est réalisé le plus souvent comme une fricative glottale sourde. Ce phonème est sujet à des modifications dans ses réalisations pouvant aller depuis l'aspiration imperceptible jusqu'à l'aspiration gutturale forte. La réalisation de ce phonème pourrait se rapprocher de celle du *h* français dans l'interjection « hop ! ».
Exemples : *hû* « lui », *hî* « elle », *faham* « charbon de bois », *rih* « vent ».

« j » est réalisé comme une occlusive palatale sonore affriquée, comme dans le *dj* du mot « djinn ».
Exemples : *râjil* « homme », *juwâd* « cheval », *hajar* « pierre, montagne ».

« r » est réalisé comme une vibrante apicale sonore roulée. le « r » n'est jamais grasseyé. Un « r » mal prononcé peut provoquer des confusions.
Exemple : *rassal* « il a envoyé », à ne pas confondre avec *xassal* « il a lavé ».

« w » est réalisé comme une continue labio-vélaire orale (semi-voyelle), comme le *w* de l'anglais, ou comme la première syllabe des mots français « oui », « ouate ».
Exemples : *wa* « et », *wên* « où », *wilêd* « enfant », *sawa* « ensemble », *gawi* « dur ».

« y » est réalisé comme une fricative prépalatale sonore, orale, avec la même intensité qu'en français « maillot » [mayo], ou « émaillé » [emaye].
Exemples : *binêye* « fille », *iyâl* « enfants », *cadaray* « arbre ».

« ng » s'est introduit dans la langue avec les mots d'emprunt. Il se prononce [ŋ] (n vélaire), mais est très souvent déformé et prononcé comme un [n] (alvéolaire) suivi d'un [g] qui ne s'entend que devant une voyelle.

Exemples : *sange* « moustiquaire », *bangaw* « patate douce », *fangasu* « beignet », *dangay* « prison ».

Attention ! Les francophones pourraient oublier la différence entre la transcription du son **ny** [ñ], et celle du groupe **gn** [g] + [n].

Dans les mots : *kony* « coin », *abalany* « singe », *kurnyânye* « petit mil rouge », **ny** se prononce [ñ] comme dans les mots français « agneau », « pagne », « vigne ».

Dans les mots : *fôgna* « sur nous », *yagnit* « il geint », le **g** et le **n** appartiennent à deux syllabes différentes et se prononcent comme dans les mots français « diagnostic », « stagner », « agnostique », etc.

Remarques :

• Les consonnes sonores « b », « d », « j », « g », « z » s'assourdissent lorsqu'elles sont en finale absolue ou suivies d'une consonne sourde.
Exemples :
Al bâb kabîr. « La porte est grande. »
    on prononce [bâp].
Wilêdna sameh. « Notre enfant est beau. »
    on prononce [wilêtna].
Al-dîk fôg cadarayitku « Le coq est sur votre arbre. »
    on prononce [fôk].
Al hille di sûgha kabîr. « Ce village a un grand marché. »
    on prononce [sûkha].
Al-câyib rakkaz fi asaytah. « Le vieux s'est appuyé sur son bâton. »
    on prononce [rakkas].

• Avant les dentales « t, d, s, z, n, r, l » et les palatales « tc, j, c, ny », le « l » perd son trait de latéralité par assimilation régressive à la consonne qui suit. (Voir l'assimilation de l'article, p. 62.)

• Devant le « b », le « n » est réalisé [m].
Exemples :
On prononce [bambar] « tabouret », mais on écrit *banbar*. En effet, la racine de ce mot est : **nbr*, et le pluriel de *banbar* est *banâbir*.

On prononce de même [jambi] « à côté de moi », mais on écrit *janbi*. En effet, la racine de ce mot est : **jnb* ; on la retrouve dans le mot de la même famille *ajnabi* « étranger ».

B. Notation des voyelles

	Voyelles brèves	Voyelles longues
fermées :	i u	î û
mi-fermées :	e o	ê ô
ouvertes :	a	â

Ces voyelles élémentaires « i, e, a, o, u », correspondent aux sons que l'on trouve en français dans « qui » [ki], « thé » [te], « rat » [ʁa], « eau » [o], « cou » [ku].

Exemples : *jirr* « farine de mil fermenté », *jerr* « cruche », *jâr* « voisin », *abunjo'orân* « scarabée », *jurr* « tire ! »

Remarques :

• La voyelle « ê » (longue) a tendance à se réaliser plus ouverte que « e » (bref), quand elle est en syllabe fermée. Elle se prononce alors comme le « è » ou le « ê » français des mots « père », frère », « rêve », etc.

Exemples : *bêt* « maison », *lêl* « nuit », *êc* « boule de mil », *sêd* « gibier » etc.

• Symétriquement, la voyelle « ô » (longue) a tendance à se réaliser plus ouverte que le « o » (bref), quand elle est en syllabe fermée. Elle se prononce alors comme le « o » français des mots « bol », « col », « fort ».

Exemples : *jôr* « torture », *tôr* « taureau », *dôl* « ceux-ci », *hôt* « abreuvoir », etc.

1 bis

Arabic Phonology for English-speakers

A. Consonants

For anglophones, the following consonants are more or less identical to their English equivalent:

b	as in English	« bat »	:	*basal*	....	onion
d	"	"	« dog »	:	*dâbi*	snake
j	"	"	« jet »	:	*juwâd*	horse
g	"	"	« go »	:	*gamar*	moon[1]
s	"	"	« see »	:	*sabit*	Saturday
c	"	"	« show »	:	*câri*	street
tc	"	"	« church »	:	*tcâtca*	flatter
h	"	"	« he »	:	*hî*	she
z	"	"	« zero »	:	*zâd*	provisions
m	"	"	« man »	:	*mara*	woman
n	"	"	« now »	:	*nâr*	fire
ng	"	"	« anger »	:	*sange*	mosquito net[2]
w	"	"	« will »	:	*wilêd*	child
l	"	"	« light »	:	*laban*	milk
y	"	"	« yes »	:	*iyâl*	children
			« fry »	:	*cadaray*	tree

---

1. « *k* » and « *g* » are pronounced further forward in the mouth than is usual in English, more like the French. Compare English « gap », French « Gap », Arabic « gamar ».
2. « *p* » and « *ng* » are sounds which have been brought into Arabic in borrowed words.

Other consonants

« p », « t » and « k » are pronounced like in French, without the aspiration which follows in English.

p	like in French	« police »	:	*pumbiter*....	potatoes
t	" "	« table »	:	*tôb*...............	fabric
k	" "	« képi »	:	*katkat*..........	paper

« ' » is the glottal stop, used in Cockney English to replace « t » ; for instance, « water » pronounced « wa'er » ; in Arabic : *sa'al* « he asked ».
In Arabic it may be doubled : e.g. *sa''âl* « questioner ».

« x » is the same sound as occurs in the Scots *loch* or in German *Bach* ; e.g., in Arabic, *xamsa* « five ».

« **ny** » is pronounced as the French *vigne* « vine », or the British English *new* ; e.g., in Arabic, *karany* « dew ».

« **r** » is rolled as in the Scottish variety of English ; e.g., in Arabic, *rassal* « he sent ».

A consonant doubled is pronounced long.

B. Vowels

For the pronunciation of vowels, see farther. The Arabic vowels are closer to the corresponding French vowels than to English vowels.

All the vowels may be lengthened. This is marked with a « ^ » over the vowel.

2
Quelques règles importantes pour la prononciation

A. Le « ' » au début et à la fin des mots

Mis à part l'article *al*, le relatif *al*, et certains verbes aux formes dérivées commençant par *al* (cf. pp. 159-160, 172-173, toutes les voyelles initiales des autres mots arabes que nous avons rencontrés (tels que *abu, amm, ên, êc, irse, irfe, ôra, ôta, ucc, ûd*, etc.) sont en fait précédées d'un « ' » que nous n'avons pas noté pour simplifier l'écriture. Ce « ' » est une attaque vocalique forte que la langue arabe considère comme une consonne. (Voir pp. 12-13.)

On écrira : *inta wa ammak wa abûk amyânîn* « toi, ta mère et ton père, vous êtes aveugles ». Mais on prononcera : ['inta wa 'ammak wa 'abûk 'amyânîn].

Attention ! A la fin des mots, le « ' » se réalise comme une interruption brusque de la voyelle finale. Sa notation et sa réalisation sont importantes pour éviter les confusions.

câri « rue » / *câri'* « acheteur »
be « avec » / *be'* « vente »
mâ « ne pas » / *mâ'* « il a fondu », etc.
Câri' al xanamay dabahâha fî l-câri.
« Celui qui a acheté le mouton l'a tué dans la rue. »
Be' al kitâb da be miya riyâl, raxîs.
« Acheter ce livre à 500 francs, ce n'est pas cher. »
Al glâs mâ mâ'.
« La glace n'a pas fondu. »

B. La gémination (redoublement d'une consonne)

La gémination des consonnes ne se fait pas sentir dans certaines langues comme le français. En arabe tchadien, la gémination est très nettement articulée et servira à reconnaître, par exemple, la présence de l'article, et les formes factitives ou intensives.

salâm	paix	*al-salâm*	la paix, prononcé [assalâm]
kalâm	parole	*kallam*	il a parlé
ragad	il s'est couché	*raggâd*	dormeur
ga'ad	il s'est assis	*ga''ad*	il a fait asseoir.

C. La longueur des voyelles

Une bonne réalisation de la longueur des voyelles est très importante. Ne pas s'appliquer à respecter la longueur des voyelles, c'est risquer d'être bien souvent incompris ! Il faut, par exemple, bien faire la différence entre les mots suivants :

samm	poison	*sâm*	il a jeûné
al maci	le fait de marcher	*al mâci*	celui qui s'en va
jari	la course	*jâri*	mon voisin ;
xayâl	fantôme	*xâyal*	il est apparu comme dans un mirage
daxal	il est entré	*dâxal*	à l'intérieur
katib	l'écriture	*kâtib*	écrivain.

Longueur des voyelles et tonalité haute

1. Il semble que l'arabe parlé au Tchad utilise une accentuation caractéristique proche d'une variation tonale. Les voyelles longues sont prononcées légèrement au-dessus de la tonalité ordinaire. Chaque mot de plusieurs syllabes ayant généralement une voyelle longue acquiert ainsi une modulation particulière. Nous symboliserons cette élévation de la hauteur tonale par une flèche [↗] située au dessus de la syllabe longue des exemples ci-dessous :

râjil	homme	est prononcé	[râjil]
mardân	malade	" "	[mardân]
binêye	fille	" "	[binêye]
bârakallah	Dieu soit béni	" "	[bârakallah]

2. Le « *h* » après une voyelle allonge cette voyelle qui se réalise alors dans une tonalité haute. Ceci permet de faire la différence entre :

akalo [akalo]   ils ont mangé   et   *akaloh* [akalo]   ils l'ont mangé

katalo [katalo]   ils ont tué   et   *kataloh* [katalo]   ils l'ont tué

D. Quand un mot est terminé par deux consonnes

Lorsque deux consonnes sont à la fin d'un mot, seule, l'avant-dernière est réalisée.

La dernière consonne du mot (une géminée, ou un « t ») n'est entendue que lorsqu'elle se trouve au contact d'une voyelle suivante (par un pronom suffixe, ou l'article *al*).

1. Exemples avec des mots terminés par une consonne géminée :

damm	sang	[dam]
dammak	ton sang	[dammak]
hiss	voix	[his]
hissah	sa voix	[hissah]
amm	mère	[am]
ammi	ma mère	[ammi]

Il sera de même pour les mots tels que *dull* « ombre », *jirr* « mil blanc fermenté », *ucc* « nid », *imm* « oncle paternel », *didd* « contre », *gecc* « herbe », *sinn* « dent », etc.

2. Exemples avec des mots terminés par deux consonnes différentes dont la dernière est un « t » :

hint est réalisé [hin] dans la phrase suivante à cause de la présence du « x » de *xalla* :

Koro hint xalla be miya.
Le koro de mil est à 500 francs.

hint est réalisé [hint] dans la phrase suivante à cause de la présence du « a » de l'article et du pronom suffixe « -ak » :

Al bagaray di hintak walla hint al ajûz ?
Cette vache est-elle à toi ou à la vieille ?

De même, on n'entend pas le « *t* » dans les phrases suivantes :

Anâ karabt kalbi	j'ai attrapé mon chien (on entend [karap])
Inta cilt cunû ?	qu'est-ce que tu as pris ? (on entend [cil])
Anâ simi't	j'ai entendu (on entend [simi])
Anâ limist	j'ai touché (on entend [limis])

Mais le « *t* » sera prononcé dans : *karabt al kalib* « j'ai pris le chien », *ciltah* « tu l'as emporté », *limistaha* « tu l'as touchée », *simi'tah* « je l'ai entendu », etc.

E. Exercices de prononciation

Outre les exemples précédents, nous proposons ici un exercice de prononciation qu'il est bon de maîtriser car il regroupe les principales règles exposées ci-dessus.

1. Faire sentir la différence entre :

rassal	il a envoyé	et	*xassal*	il a nettoyé
wassal	il a fait parvenir	et	*hassal*	il a préparé
assar	il a pressé	et	*âsar*	il a bousculé

2. Faire attention aux géminées, aux attaques vocaliques, à l'intonation et aux liaisons dans les phrases suivantes :

Xalla l xalla hint xâlah fî l xala.
Il a laissé le mil de son oncle en brousse.

Al xayâl xâyal wa daxal dâxal.
Le fantôme est apparu, puis est entré à l'intérieur.

Hî barradatah be l barrâd min râsah lê rijilênah.
Elle l'a lavé avec la théière de la tête au pied.

Katalt xanamay hint jâri wa kassart al koro hint al-jâra.
J'ai tué le mouton de mon voisin et cassé le koro de la voisine.

Ammi âmat ma'â amm Mahammat.
Ma mère a nagé avec la mère de Mahamat.

3
Quelques phénomènes phonétiques

A. L'importance de la structure syllabique CVC

De nombreux phénomènes phonétiques, qui déroutent ceux qui découvrent la langue, s'expliquent aisément lorsque l'on comprend l'importance de la structure syllabique CVC (consonne + voyelle + consonne) dans la formation des mots.

1. Cette structure apparaît avec chacune des voyelles longues de la langue.

fîl	éléphant	*bîr*	puits	*dîn*	religion	*sîd*	maître
dêf	hôte	*bêt*	maison	*xêt*	fil	*lêl*	nuit
râs	tête	*dâr*	pays	*xâl*	oncle maternel	*zâd*	provision
gôz	coteaux	*tôr*	taureau	*côf*	vue	*yôm*	jour
fûl	arachide	*dûd*	lion	*tûm*	ail	*sûf*	cheveux

2. Cette structure apparaît redoublée CVC-CVC dans des mots qui sont souvent d'origine non arabe ou des idéophones.

katkat	papier	*durdur*	mur	*kackâc*	graillon
galgâl	margouillat	*suksuk*	perles	*sumsum*	sésame
tartâr	palissade en tiges de mil	*farfar*	canisse, store	*facfâc*	poumon

B. Chute d'une voyelle brève dans un mot

Lorsqu'une voyelle, ou une syllabe commençant par une voyelle, se trouve au contact d'un mot dont la dernière syllabe est de structure CVC dans laquelle V est une voyelle brève, on assiste presque toujours à une disparition de la dernière syllabe du radical. Cette modification rétablit finalement la structure syllabique CV-CVC ou CVC-CV dans laquelle CVC occupe une position privilégiée.

On rencontre ce phénomène :

1. lorsque des noms passent du masculin au féminin :

kalib CV-CVC	*kalbe* CVC-CV	chien / chienne	et non pas	*kalibe* CV-CV-CV
bârid CV-CVC	*barde* CVC-CV	froid / froide	et non pas	*bâride* CV-CV-CV
sameh CV-CVC	*samhe* CVC-CV	beau / belle	et non pas	*samehe* CV-CV-CV

2. lorsque des noms masculins ont le suffixe du duel (*-ên*), ou un pronom suffixe (*-i, -ak, -ah*) ou un complément précédé de l'article :

ugub	conséquence,	*ugbah*	sa conséquence
jilid	corps,	*jildak*	ton corps
		jild al kalib	le corps du chien
derib	chemin,	*derbah*	son chemin
		derb al hille	le chemin du village
alif	mille,	*alfên*	deux mille

3. lorsque les verbes, dont la structure de la dernière syllabe est CVC, ont une désinence vocalique (*-i, -e, -u, -o*), un pronom personnel suffixé commençant par une voyelle, ou un complément précédé de l'article :

na'arif		je connais
na'arfah	(et non pas *na'arifah*)	je le connais
ta'arfi	(et non pas *ta'arifi*)	tu (fém.) connais
ya'arfu	(et non pas *ya'arifu*)	ils connaissent

On entendra *na'arf al bêt* « tu connais la maison », et non pas *na'arif al bêt*.

De même :
wilid	il a engendré	
wildôk	(et non pas *wilidôk*)	ils t'ont mis au monde
wildôni	(et non pas *wilidôni*)	ils m'ont mis au monde
yaharit	il cultive	
yahartu	(et non pas *yaharitu*)	ils cultivent

C. Le cas des noms féminins ayant un complément

Lorsque les noms féminins terminés par une voyelle ont un complément, ils subissent une modification vocalique due à l'apparition d'un « *t* » interposé entre le nom féminin et son complément.
Cette modification vocalique obéit à la règle suivante :
– lorsque le complément (ou le suffixe) commence par une voyelle, la voyelle finale du nom féminin tombe devant « *t* » interposé ;
– lorsque le complément (ou le suffixe) commence par une consonne (ou une attaque vocalique), la voyelle finale du nom féminin se transforme en « *i* », devant le « *t* » interposé.

Ainsi :
jâra[1] + *t*[2] + *i*[3]   devient :   *jârti*   ma voisine
et *jâra*[1] + *t*[2] + *ku*[4]   devient :   *jâritku*   votre voisine

(1) nom féminin terminé par « *a* », le « *a* » tombera pour établir une structure privilégiant la syllabe CVC : *jâr-ti* et non pas *jâ-ra-ti* ;
le « *a* » se transformera en « *i* » lorsqu'il sera suivi de deux consonnes ;
(2) apparition d'un « *t* » interposé entre le nom et son complément ;
(3) pronom suffixe commençant par une voyelle ;
(4) pronom suffixe commençant par une consonne.

- Exemples dans lesquels le complément commence par une voyelle :

jâra	voisine	*jârtah*	sa voisine
		jârtak	ta voisine (à toi, homme)
		jârt al-râjil da	la voisine de cet homme

binêye	fille	binêyti	ma fille
		binêytah	sa fille
		binêyt al mara di	la fille de cette femme
kôro	koro	kôrti	mon koro
		kôrtak	ton koro
		kôrt al-laban	le koro de lait.

● Exemples dans lesquels le complément commence par une consonne (ou une attaque vocalique).

jâra	voisine	jâritki	ta voisine (à toi, femme)
		jâritna	notre voisine
		jârit Âdum[1]	la voisine d'Adoum
binêye	fille	binêyitha	sa fille (à elle)
		binêyitku	votre fille
		binêyit Mûsa	la fille de Moussa
kôro	koro	kôritna	notre koro
		kôrithum	leur koro
		kôrit sumsum	un koro de sésame.
sana	année	santên	deux ans
		sant al-ju'	l'année de la faim
miya	cent	mitên	deux cents.

D. L'épenthèse

L'épenthèse est l'apparition d'une voyelle ou d'une consonne non étymologique dans un mot.

I. Les voyelles épenthétiques facilitent l'articulation et la réalisation de consonnes telles que « r, l, x, h, w », par exemple, lorsque ces dernières se trouvent précédées ou suivies d'une autre consonne.

Les voyelles épenthétiques sont fréquentes chez les locuteurs dont l'arabe n'est pas la langue maternelle. Elles ont le timbre de la syllabe qui précède ou qui suit.

---

1. Bien que *Âdum* commence apparemment par une voyelle nous n'entendons pas *jart Âdum*. En effet, *Âdum* est réalisé ['âdum] ; ce nom propre est précédé de l'attaque vocalique « ' » considérée comme une consonne (voir pp. 12-13).

Nous les noterons dans nos textes et nos exemples dans la mesure où elles ont fini par s'imposer dans le langage courant. Il est important de pouvoir les reconnaître car elles peuvent voiler l'étymologie et la structure interne du mot dans lequel elles se sont insérées :

il achète	*yacri*	[yaciri]
il boit	*yacrab*	[yacarab]
natron	*atrôn*	[atarôn]
je cours	*najri*	[najiri]
jeune plant	*bizre*	[bizire]
poinçon	*muxras*	[muxuras]
je connais	*na'rif*	[na'arif]
il fouette	*yajlud*	[yajulud]
il grimpe	*yatla*	[yatala]
je travaille	*naxdim*	[naxadim]
il voyage	*yaxtir*	[yaxatir]
vert	*axdar*	[axadar]
rouge	*ahmar*	[ahamar]
il cultive	*yahrit*	[yaharit]
frères	*axwân*	[axawân]
batteur	*muswât*	[musuwât].

II. Les consonnes épenthétiques sont peu nombreuses. Elles jouent un rôle analogue à celui des voyelles épentéthiques.

Un « *y* » apparaît entre le « *â* » et le « *i* » des mots ayant la morphologie des participes actifs :

voyant	*câyif*	au lieu de	*câif*
bouillant	*fâyir*	" "	*fâir*
adjoint	*nâyib*	" "	*nâib*
brillant	*nâyir*	" "	*nâir*.

Un « *n* » apparaît aussi pour faciliter la réalisation du « *a* » ou du « *u* » suivi d'une dentale, d'une palatale ou d'une consonne arrière.

On le trouve par exemple dans de nombreux noms composés avec le préfixe *abu-* « père de » :

abundagig	papillon	au lieu de	*abudagĩg*
abunraffâf	palpitations	" "	*aburaffâf*
abunsifêr	ictère, jaunisse	" "	*abusifêr*
abunjo'orân	bousier	" "	*abujo'orân*
abungurdân	tique	" "	*abugurdân*.

On le trouve aussi dans quelques noms composés avec le préfixe *am-* « mère de » :

amnawwal	l'an dernier	au lieu de	*am'awwal,*
amnawwalât	les années dernières.		

On trouve encore ce « *n* » épenthétique dans le verbe *anta / yanti* (donner) dont la racine est *ᶜty.

E. L'attraction vocalique

On remarque une tendance à l'uniformisation des voyelles à l'intérieur d'un mot. C'est la voyelle postérieure ou finale, la voyelle longue ou répétée qui, le plus souvent, donnent le ton.
On entend :

nakdubu	là où l'on attendait	*nakdibu*
yaxdumu	là où l'on attendait	*yaxdimu*

et, chez certains locuteurs, on entendra :

ma'arras	au lieu de	*mu'arras*
magâbil	au lieu de	*mugâbil.*

F. Les métathèses

Ce phénomène d'inversion de consonnes est important à remarquer car il permet de repérer la véritable racine des mots :

jidâd	poules	**djj*	cf. arabe classique	*dajâja*
jawwaz	épouser	**zwj*	" " "	*zawwaj*
muxbar	brûle-parfum	**bḥr*	" " "	*mubxar*
najîd	mûr	**nḍj*	" " "	*nadîj*.

Cette tendance est encore bien vivante dans la langue :
aywâ « oui » devient souvent *yawwa*, et les mots d'emprunt subissent aussi parfois cette permutation consonantique.

G. Les contractions

marâda	tant pis !	(kulla) mâ râdah	comme il l'a voulu !
yâtu	qui ?	*ayât hû*	litt. : « signe de lui ? »
wênu	lequel ?	*wên hû*	litt. : « où lui ? »
gidrêc	quelle quantité ?	*gadur cunû ?*	litt. : « quelle taille ? »
ciggêc	où ?	*cigg cunû ?*	litt. : « quel côté ? »
almi	eau	*al ma'*	l'eau
albil	chameaux	*al ibil*	les chameaux[2].

---

2. Dans ces deux derniers exemples, *almi* et *albil* restent des noms indéterminés en arabe tchadien bien qu'ils soient déjà le résultat d'une contraction avec l'article « *al* ». Pour les déterminer, on devra répéter l'article : *al almi* « l'eau », *al albil* « les chameaux ».

DEUXIÈME PARTIE

MORPHOLOGIE

4
Le nom

La racine du mot en arabe

Tous les noms sont formés à partir d'une racine, souvent trilitère (c'est-à-dire de trois consonnes $C_1C_2C_3$) qui, avec une ou deux voyelles, forment le radical du mot :

*klb	*kalib*	chien		*mlh	*mileh*	sel
*ktb	*kitâb*	livre		*rfg	*rafig*	ami

Cependant toutes les consonnes n'apparaissent pas toujours immédiatement dans le radical du mot. Il y a des consonnes faiblement articulées, comme le « h » ou le « ' », et des semi-voyelles, comme le « w » ou le « y » qui semblent absentes du radical. On apprendra peu à peu à les reconnaître.

D'une manière générale on peut retenir les règles suivantes :

• Les noms et les verbes à la forme simple qui commencent par une voyelle sont en fait précédés de la consonne « ' » (le *hamza* de l'arabe classique) qui provoque toujours une attaque vocalique. Cette première voyelle du mot ne s'élidera jamais car elle se trouve protégée par la consonne initiale qui fait partie de la racine[1].

---

1. Cette règle ne concerne ni l'article ni le préfixe « *al* » des verbes aux formes dérivées (n° 5 et 6) (voir pp. 62 et 159-160). C'est par souci de clarté qu'on écrira par exemple : *gammo addawaso* « ils se mirent à se battre », qui en fait est prononcé [gammoddawaso].

• La voyelle « ê », contraction de « a » + « y », révèle la présence de la semi-voyelle « y ».

• La voyelle « ô », contraction de « a » + « w », comme la voyelle « û », révèle la présence de la semi-voyelle « w ».

ajîne	pâte	C_1	'	C_2	*j*	C_3	*n*	Racine :	"	**ʿjn*
kirce	estomac	C_1	*k*	C_2	*r*	C_3	*c*	"		**krš*
bêd	œuf	C_1	*b*	C_2	*y*	C_3	*d*	"		**byd*
ên	œil	C_1	'	C_2	*y*	C_3	*n*	"		**ʿyn*
bôl	urine	C_1	*b*	C_2	*w*	C_3	*l*	"		**bwl*
fûl	arachides	C_1	*f*	C_2	*w*	C_3	*l*	"		**fwl*

C'est autour des lettres formant cette racine que viendront s'affixer des éléments (consonantiques et vocaliques) qui donneront aux noms leurs formes caractéristiques.

A. Le nom propre

Les noms propres sont invariables. Ils désignent des lieux et des personnes. Nous les écrirons avec une majuscule :

Anjammêna	N'Djaména	*Mundu*	Moundou
Zênaba	Zénaba	*Xadîje*	Khadidjé
Tcâd	le Tchad	*Batha*	le Batha

B. Le nom commun

Afin de faciliter la compréhension et le travail de la mémoire, nous avons regroupé ici les formes caractéristiques les plus utilisées que peuvent prendre les noms communs. Nous conseillons à l'étudiant de ne pas s'y attarder maintenant ; il les retrouvera au fur et à mesure de son étude. Qu'il aille aux pages 53 et 60 où il est question du genre et du nombre du nom commun.

LE NOM

I. Forme caractéristique de certains noms

1. Les noms de métier et de « spécialistes », les « intensifs »

Ils se reconnaissent à cause de leur forme en *CaCCâC* comme *haddâd*, *rakkâb*, ou *barrâd*. Cette forme est caractérisée par un redoublement de la consonne centrale de la racine, et par un allongement de la dernière voyelle. Cette structure souligne la valeur intensive, répétitive ou habituelle du nom utilisé. Elle sera ainsi mise en évidence :

— dans les noms de métier :

haddâdi / haddâd	forgeron (sing. / plur.)
xayyâti / xayyâtîn	tailleur
dabbâxi / dabbâxîn	tanneur
jazzâri / jazzâra	boucher
bannây / bannâyîn	maçon
xannây / xannâyîn	chanteur

— dans les noms de ceux qui sont habitués ou spécialisés dans une action précise (il s'agit en fait d'adjectifs utilisés comme noms) :

sarrâg / sarrâgîn	voleur (sing. / plur.)
rakkâb / rakkâbîn	cavalier
akkâl / akkâlîn	gourmand
kaddâb / kaddâbîn	menteur
carrâb / carrâbîn	buveur

— dans les noms de choses liées à un mouvement répétitif ou intensif :

barrâd / barârîd	théière	(là où le thé) baigne longtemps
maddâx / maddâxât	les mâchoires	litt. (les) masticatrices
harrây	soleil	litt. (la) brûlante
cammâm / cammâmât	melon	litt. (l')odoriférant
saxxân / saxâxîn	bouilloire	litt. (le) réchauffeur
bahhâta / bahhâtât	patte de poule	litt. (la) gratteuse.

2. Les noms dits « de lieu »

Ils se reconnaissent à cause de leur forme en « *maCCaC* »[2] comme dans les mots *mawgaf* ou *margad*. Cette forme est caractérisée par le préfixe « *ma* » et la voyelle « *a* » dans le radical du mot :

mawgaf / mawâgif	station, arrêt d'autobus ou de taxi, cf. *wigif* : s'arrêter, attendre ;
margad / marâgid	litt. : couche, lieu où l'on se repose, cf. *ragad* : se reposer ;
matbax / matâbix	cuisine, là où l'on prépare les aliments, cf. *tabax* : faire la cuisine ;
mag'ad / magâ'id	banc, lieu où l'on s'assied, cf. *ga'ad* : s'asseoir.

On trouvera de même : *madbah* « le lieu où l'on égorge, l'abattoir », *masrah* « le pâturage », *mafsal* « l'articulation », *maxzan* « dépôt, magazin, entrepôt », etc.

3. Les noms dits « d'instrument »

Ils se reconnaissent à cause de leur forme en « *muCCaC* » ou en « *muCCâCa* », comme dans les mots *muftah* ou *murhâka*. Cette forme est caractérisée par le préfixe « *mu* » et la voyelle « *a* » dans le radical du mot :

muftah / mafâtih	clé	cf. *fatah* : ouvrir
murhâka / marâhîk	meule	cf. *rihik* : écraser
mudgâga / madâgîg	fléau	cf. *dagga* : battre
mugcâca / magâcîc	balai	cf. *gacca* : balayer

---

2. Quand les deux consonnes de la racine d'un mot sont semblables ($C_2 = C_3$), leur structure est : $maC_1aC_2C_3$. Exemples :
madagg, pl. *madaggât* « aire à battre le mil », cf. *dagga / yudugg* « battre », la racine est *dgg* ;
mahall, pl. *mahallât* « place où l'on circule », cf. *halla / yihill* « libérer, dénouer », la racine est *hll*, etc.

On trouvera de même :

mungâc	pince à épiler	*musalla*	alène
musmâr	clou	*muxbar*	porte-braise
mudbâx	gourdin	*mutrag*	baguette
murdâs	poutre, poteau central dans la case		
muxrâfa	palette pour sortir la boule de la marmite.		

4. Les noms et adjectifs venant des participes actifs des verbes

Ces noms sont nombreux, mais ils ont des formes caractéristiques. Le verbe peut avoir neuf formes dérivées (cf. p. 158). A chaque forme dérivée du verbe correspondra une forme de participe actif.

Pour ne pas surcharger l'attention du lecteur, nous proposons un tableau général de toutes les formes du participe actif employé comme nom, et nous renvoyons dans un index les exemples correspondant à chacune de ces formes caractéristiques. Voir pages 40 et 47.

N.B. Les noms venant des participes peuvent être déterminés, nous les présentons précédés de l'article. Voir « L'article » p. 62.

Ces noms peuvent aussi ne pas être précédés de l'article. Ils occupent alors dans la phrase la fonction d'un sujet indéterminé :

Râkib wâhid waga' min al watîr.
Un passager est tombé de la voiture.

Un mot ayant la morphologie d'un participe, actif ou passif, sans l'article, joue aussi le rôle d'un adjectif ayant dans la phrase la fonction de prédicat :

Anâ câhid.
Je suis témoin.

Mûsa mujtahid.
Moussa est appliqué.

5. Les noms et adjectifs venant des participes passifs des verbes

Ces noms sont moins nombreux que ceux qui viennent des participes actifs. Mise à part la première forme (forme simple), le schéma structurel des participes passifs aux formes *dérivées* du verbe ne se différencie du schéma des participes actifs que par la dernière voyelle du radical qui est en « *a* » et non plus en « *i* » :

participe actif		participe passif	
al muntazir	celui qui attend	*al muntazar*	celui qui est attendu
al mulabbib	celui qui cache	*al mulabbad*	celui qui est caché.

Nous proposons un tableau général de toutes les formes du participe passif employé comme nom, et nous renvoyons dans un index les exemples correspondant à chacune de ces formes. Voir pages 41 et 52.

N.B. Les participes passifs venant de la cinquième et de la septième forme dérivée du verbe sont rares ; ils ne figureront pas sur le tableau.

Tableau des formes des participes actifs employés comme noms

forme	schème	exemple	sens	verbe d'origine	
1	*CâCiC*	*al kâtib*	l'écrivain	*katab*	écrire
2	*muCaCCiC*	*al mufattic*	le chercheur	*fattac*	chercher
3	*muCâCiC*	*al murâfig*	l'accompagnateur	*râfag*	accompagner
4	*muCCiC*	*al mu'ti*	le donateur	*ânta*	donner
5	*mulCaCCiC*	*al mul'aggid*	celui qui complique	*al'aggad*	nouer
6	*mulCâCiC*	*al mulhâninîn*	ceux qui s'aiment	*alhânano*	s'aimer
7a	*munCaCCi*	*al munjammi*	celui qui se repose	*anjamma*	se reposer
7b	*munCaCiC*	*al munfarig*	celui qui se sépare	*anfarag*	se séparer
8	*muCtaCiC*	*al mujtahid*	l'appliqué	*ijtahad*	faire effort
9	*mustaCCiC*	*al mustakbir*	l'orgueilleux	*istakbar*	se hausser

Voir la liste des exemples correspondant à ces différentes formes de noms venant des participes actifs (pages 47-52).

N.B. Le pluriel des participes actifs est en « *în* » sauf quelques exceptions dans la forme 1. Voir p. 47.

Tableau des formes des participes passifs employés comme noms

forme	schème	exemple	sens	verbe d'origine	
1	*maCCûC*	*al marhûm*	le défunt	*raham*	avoir pitié
2	*muCaCCaC*	*al muzayyan*	celui qui est rasé	*zayyan*	raser
3	*muCâCa*	*al musâmah*	le pardonné	*sâmah*	pardonner
4	*muCCaC*	*al mu'ôra*	le « dit », le transmis	*ôra*	faire savoir
6	*mulCâCaC*	*al mulgâsam*	ce qui a été partagé	*algâsam*	se partager quelque chose
8	*muCtaCaC*	*al muntazar*	celui qui est attendu	*intazar*	attendre
9	*mustaCCaC*	*al musta'mar*	le colonisé	*ista'mar*	coloniser

N.B. Le pluriel des participes passifs des verbes à la première forme (Forme 1) est généralement un pluriel brisé de type « *a â î* » :

al marâhîm les défunts
al maxâlîg les créatures
al matâmîs les imbéciles.

Le pluriel des participes passifs des verbes aux formes dérivées (Forme 2, 3, etc.) est un pluriel régulier en « *în* » :

al muzayyanîn ceux qui sont rasés
al musâmahîn ceux qui sont pardonnés
al mufattacîn ceux qui sont recherchés.

6. Les noms d'action : « le fait de ... »

L'arabe n'a pas l'équivalent français de l'infinitif, mais il connaît une multitude de noms d'action dont certaines formes sont caractéristiques.

• La forme la plus courante est celle obtenue par le suffixe « *în* » (équivalent du suffixe « *ân* » dans le parler des Arabes nomades) :

al xayyitîn / al xayyatân la couture, le fait de coudre (sing / plur.)
   cf. *xayyat* : coudre
al gaccîn / al gaccân le fait de balayer, le balayage
   cf. *gacca* : balayer

al xattîn / *al xattân*　　le fait de poser
　　　　　　　　　　　cf. *xatta* : poser
al-najidîn　　la cuisson, la maturation
al ôrîn　　le fait de dire
al fatihîn　　le fait d'ouvrir
al ôgidîn　　le fait d'allumer
al xatirîn　　le fait de voyager
al waridîn　　le fait d'aller chercher de l'eau
al-sôtîn　　le fait de faire cuire la boule en la remuant avec le bâton
al-jêbîn　　le fait de porter
al-tali'în　　le fait de monter, de grimper
al-dabhîn　　le fait d'égorger.

● La forme des noms d'action selon le schème « *CaCi(C)* » est fréquente et à ne pas confondre avec le participe actif des verbes à la forme simple :

al maci　　le fait de marcher, la marche (sing / plur.)
　　　　　cf. *maca* : marcher
al karib　　le fait d'attraper, la prise
　　　　　cf. *karab* : attraper
al-rami　　le fait de tomber à terre, la chute
　　　　　cf. *rama* : jeter à terre, faire tomber
al kasir　　le fait de casser, fracture, cassure
al akil　　le fait de manger, le manger, la nourriture
al-nagis　　le fait de diminuer, le rabais
al mali　　le fait de remplir
al fasi　　le fait de péter, le pet
al-jari　　le fait de courir, la course
al-cari　　le fait d'acheter, l'achat
al bani　　le fait de construire, la construction.

● Il existe aussi un grand nombre de noms d'action formés selon le schème « *CuCâC* » :

al-curâb　　le fait de boire, la boisson
　　　　　cf. *cirib* : boire
al-rugâd　　le fait de se reposer
　　　　　cf. *ragad* : se reposer
al-lubâs　　le fait de s'habiller, l'habillement
　　　　　cf. *libis* : s'habiller

	cf. *cirib* : boire
al-rugâd	le fait de se reposer
	cf. *ragad* : se reposer
al-lubâs	le fait de s'habiller, l'habillement
	cf. *libis* : s'habiller
al guwâl	le contrat oral
al guwâle	le fait de calomnier, la calomnie
al mucât	le fait de tresser (les cheveux), la coiffure
al mulâga	le fait d'accueillir, l'accueil
al-su'âl	le fait d'interroger, la question
al buzâx	le fait de cracher, le crachat
al gu'âd	le fait de rester, la station.

• Le schème « *CaCûC* » est souvent celui des noms d'action des verbes de mouvement :

al-daxûl	le fait d'entrer, l'entrée
	cf. *daxal* : entrer
al fatûh	le fait d'ouvrir, l'ouverture
	cf. *fatah* : ouvrir
al warûd	le fait d'aller chercher de l'eau
	cf. *warad* : aller chercher de l'eau
al barûd	le fait de se baigner, la douche, le bain
al-rakûb	le fait de monter à cheval, à vélo ; la monture
al-najûd	le fait de cuire, la cuisson.

• Le schème « *taCCîC* » est celui des noms d'action des verbes de la deuxième forme :

taftîc	enquête
	cf. *fattac* : chercher
tasjîl	enregistrement
	cf. *sajjal* : enregistrer
tadrîb	entraînement
	cf. *darrab* : s'exercer, s'entraîner.

• Il y a enfin de nombreux autres noms d'action venant de la troisième forme du verbe et construits sur le schème « *muCâCaCa* » :

al murâxaba	le fait de surveiller
	cf. *râxab* : surveiller
al musâlaha	le fait de réconcilier, la réconciliation

al muhâwaga	la ronde
al mutârada	la poursuite
al mujâbada	la traction
al muhânasa	le fait de cajoler
al mucâhada	le témoignage.

7. Les mots composés avec « am- », « ab- » ou « abu- »

Ces mots sont très nombreux. Les termes « *amm* » et « *abu* » signifient « mère de », « père de », et entrent dans la composition de noms désignant des personnes, des animaux ou des choses dont on veut souligner une fonction ou une particularité physique.

- Des noms de personnes :

digin	barbe	*abdigin*	le barbu
râs	tête	*abrâs*	la grosse tête
canab	moustaches	*abcanabât*	le moustachu
angara	nuque	*ab'angara*	le cou de taureau
sal'a	calvitie	*absal'a*	le chauve.

- Des noms d'animaux :

côk	épines	*abcôk / abcikân*	porc-épic
dagîg	farine	*abundagîg / abundagâyig*	papillon
gadah	bol en bois	*abungadah / abungudhân*	tortue
garad	pincer	*abungurdân / abungarâdîn*	tique
duluf	sabot	*abundullâf / abundalâlîf*	oryctérope.

- Des noms de choses :

ambawwâla	gargouille	*amfacfâc*	poumon
am'abât	maïs	*amtôtahâni*	balançoire
amlibbôdo	jeu de cache-cache	*amzirrêdo*	nœud coulant.

LE NOM

● Des noms de maladies :

ambôjâni	maladie du sommeil	*amburjuk*	varicelle
amfitfit	épilepsie	*amkanyang-nyang*	rougeole
amxinêga	oreillons	*amxibbiye*	fièvre quarte
amcokoto	gangrène	*amhûhu*	coqueluche
abunsifêr	jaunisse	*amkurrôdo*	congestion du nez.

● Des noms de lieux, de marchés ou de villages :

Amkawakîb	litt. :	« mère des lances »
Amzi'êfe	"	« mère des petites feuilles de rônier »
Abgarta	"	« père de la calebasse »
Amxirêrîbe	"	« mère du petit caroubier »
Amhimmêde	"	« mère du fruit du mirabilier »
Amhajar	"	« mère de la montagne », Oum Hadjer
Amdûd	"	« mère du lion »
Abxuta	"	« père de la couverture ».

● Des noms de moments dans le temps passé ou futur :

ambâkir	demain	*ambukra*	après-demain
amnawal	l'an dernier	*amnawwalât*	les années dernières.

8. Les « diminutifs »

● La structure de leur formation nominale est *CiCêC(e)*

Cette structure est caractérisée par la transformation vocalique suivante : $V_1 = i$; $V_2 = ê$; $V_3 = e$ (lorsque le radical du mot est terminé par une voyelle). Le diminutif est très souvent utilisé pour désigner la qualité d'un être petit, qui est beau ou qui est aimable.

Exemples avec des mots masculins, terminés par une consonne :

jerr	jarre	*jirêr*	petite jarre
abid	esclave	*ibêd*	petit esclave
jamal	chameau	*jimêl*	petit chameau
coxol	chose	*cixêl*	petite chose.

Exemples avec des mots féminins, terminés par une voyelle :

kôro	koro	*kiwêre*	petit koro
sibhe	chapelet	*sibêhe*	petit chapelet
buxsa	gourde	*bixêse*	petite gourde
kibde	foie	*kibêde*	petit foie.

• Lorsque la voyelle de la première syllabe du radical est un « *â* », un « *y* » apparaît dans le diminutif :

kâs	calebasse	*kiyês*	petite calebasse
râs	tête	*riyês*	petite tête
nâdum	quelqu'un	*niyêdim*	un homme sans importance
tâsa	cuvette	*tiyêse*	petite cuvette.

• Lorsque le radical est quadrilitère (racine formée de quatre consonnes), la structure du diminutif devient :

$C_1 i C_2 ê C_3 i C_4$ si le nom est masculin,
$C_1 i C_2 ê C_3 î C_4 e$ si le radical est féminin :

mutrag	verge, baguette	*mitêrig*	petite verge
funjâl	verre à thé	*finêjil*	petit verre à thé
sakkîn	couteau	*sikêkin*	petit couteau
carmûta	prostituée	*cirêmîte*	petite prostituée
gôdâla	cabaret	*giwêdîle*	petit cabaret
nuggâra	tambour	*nigêgîre*	petit tambour.

• Il y a des diminutifs qui ne sont utilisés qu'au pluriel ; ils apportent au nom une nuance de mépris et sont utilisés dans un sens péjoratif :

gurus	argent	*girêsât*	petits sous
sukkar	sucre	*sikêkirât*	miettes de sucre
iyâl	enfants	*iyêyilât*	petits gosses
darrah	désirer	*dirêhât*	caprices, désirs d'un instant.

• Enfin, il y a des diminutifs de diminutifs :

waja'	mal	*wije'*	petit mal	*wijê'e*	tout petit mal
fâs	hache	*fiyês*	hachette	*fiyêse*	petite hachette
firu'	branche	*fire'*	branchette	*firê'e*	petite branchette.

Index n° 1 : Noms et adjectifs venant des participes actifs

1. Les noms et adjectifs venant du participe actif des verbes à la première forme (cf. Verbes pp. 125-134)

Ils se reconnaissent à leur forme en *CâCiC*. Cette forme est caractérisée par la voyelle longue : « *â* » en première position, et la voyelle « *i* » en seconde position dans la racine du verbe :

al-sâbir	le patient
	cf. *sabar* : être patient
al-câhid	le témoin
	cf. *cahad* : témoigner
al-jâmi'	le rassembleur
	cf. *jama'* : rassembler
al-câri'	l'acheteur
al bâ'i	le vendeur
al-dâhik	le rieur
al gâdir	le puissant
al-câtir	le débrouillard intelligent
al-jâfi	le rude, le méchant
al-jâhil	l'ignorant
al 'âsi	le désobéissant
al-sâkin	le résident
al-sâtir	le protecteur
al-nâyir	le brillant
al-nâfi'	l'utile.

N.B. La plupart de ces noms ont un pluriel « régulier » en « *în* ». On a trouvé cependant des exceptions :

kâtib / kuttâb	écrivain
râkib / rukkâb	passager sur un camion
câyib / cuyyâb	vieux, qui a les cheveux blancs
sâkin / sukkân	résident, habitant.

2. Les noms et adjectifs venant du participe actif des verbes à la deuxième forme (cf. Verbes p. 158)

Ils se reconnaissent à leur forme en « *muCaCCiC* ». Cette forme est caractérisée par le préfixe « *mu* », et la voyelle « *i* » en dernière position dans le radical du verbe à la deuxième forme :

al mufattic	le chercheur
	cf. *fattac* : chercher
al mukallim	le speaker
	cf. *kallam* : parler
al mulabbib	celui qui cache ou qui se cache
al mugaddim	le guide, le dirigeant
al mujaddim	le lépreux
al mubattil	celui qui fait cesser le travail pour mettre les gens au repos
al mujarrib	celui qui essaye
al mugassim	le distributeur
al mu'allim	l'enseignant
al mu'azzin	celui qui appelle à la prière, le muezzin
al mu'assis	le fondateur
al mu'axxir	celui qui arrive en retard
al mutarjim	l'interprète
al mubactin	l'enquiquineur.

3. Les noms et adjectifs venant du participe actif des verbes à la troisième forme (cf. Verbes p. 158)

Il se reconnaissent à leur forme en « *muCâCiC* ». Cette forme se différencie de la précédente par la consonne centrale (non redoublée) du radical et la voyelle « *â* » (allongée) :

al musâfir	le voyageur
	cf. *sâfar* : voyager
al musâmih	celui qui excuse
	cf. *sâmah* : excuser
al murâfig	l'accompagnateur
	cf. *râfag* : accompagner
al mugâbil	celui qui est en face de
	cf. *gâbal* : être en face de, accueillir
al mucâhid	le spectateur

al mu'âmir	le conciliateur
al munâdi	celui qui appelle, qui convoque
al muxâsim	celui qui boude quelqu'un
al mudârig	celui qui se dissimule, qui se masque, qui se cache.

4. Les noms et adjectifs venant du participe actif des verbes à la quatrième forme (cf. Verbes p. 159)

Ils sont rares et se reconnaissent à leur forme concise en « *muCCi(C)* ». Cette forme est caractérisée par le préfixe « *mu* » et la voyelle « *i* » en dernière position dans le radical du verbe à la quatrième forme :

al mu'ti	le donateur
	cf. *anta* : donner
al mu'ôri	le transmetteur
	cf. *ôra* : faire savoir
al mu'ôti	celui qui descend vers le Sud pour la transhumance
	cf. *ôta* : aller au Sud.

5. Les noms et adjectifs venant du participe actif des verbes à la cinquième forme (cf. Verbes p. 159)

Ils se reconnaissent à leur forme en « *mulCaCCiC* ». Cette forme se distingue des participes venant de la deuxième forme du verbe par le « *l* » du préfixe :

al mul'aggid	celui qui complique les affaires
	cf. *al'aggad* : nouer, entrelacer
al mul'assif	celui qui est en manque
	cf. *al'assaf* : être privé de
al mulbarrid	celui qui s'est douché
	cf. *albarrad* : se doucher
al mulbactin	celui qui est constamment gêné
al mul'ammid	celui qui fait mal exprès
al mulhardim	ce qui est détruit, effondré.

6. Les noms et adjectifs venant du participe actif des verbes à la sixième forme (cf. Verbes p. 160)

Ils se reconnaissent à leur forme en « *mulCâCiC* ». Cette forme se distingue des participes venant de la troisième forme du verbe par le « *l* » du préfixe. (Attention, le « *l* » peut s'assimiler à la consonne qui suit) :

al mulkârib	l'obstiné
	cf. *alkârab* : s'obstiner
al mul'âmirîn	ceux qui se sont réconciliés
	cf. *al'âmaro* : se réconcilier
al mulgâsimîn	ceux qui se sont divisés
	cf. *algâsamo* : se diviser
al mulgâbilîn	ceux qui sont face à face
al mujjâmilîn	ceux qui se relayent pour porter un fardeau
al mulhâninîn	ceux qui se vouent une tendresse réciproque
al mul'âwinîn	ceux qui s'entraident
al mul'âminîn	ceux qui ont confiance entre eux
al mullâhigîn	ceux qui cherchent à rejoindre les autres en courant, ou à les atteindre en les insultant
al mulhâwigîn	ceux qui sont assis en cercle
al mulhâdinîn	ceux qui se donnent l'accolade.

7. Les noms et adjectifs venant du participe actif des verbes à la septième forme (cf. Verbes p. 161)

Ils se reconnaissent à leur forme en « *munCaCCi* » ou en « *munCaCiC* ». Cette forme est caractérisée par le préfixe « *mun* » et la voyelle « *i* » en dernière position.

• La forme en « *munCaCCi* » correspond à celle des verbes dont la première forme appartient au type n° 5 et 11 de la classification des verbes à la forme simple ; cf. Verbes p. 134 et p. 161.

al munjammi	celui qui se repose ou qui s'est reposé
	cf. *anjamma* : se reposer
al mundassi	celui qui est entré, qui s'est introduit dans
	cf. *andassa* : s'introduire
al muncaxxi	celui qui s'épuise inutilement au travail...

• La forme en « *munCaCiC* » correspond à la septième des autres types de verbes :

al muntalig	celui qui est détendu ou relâché
	cf. *antalag* : se détendre
al muntawi	celui qui s'est enroulé
	cf. *antawi* : s'enrouler
al muntabih	celui qui est éveillé, attentif
al munfazir	celui qui est courbé
al munfarig	celui qui se sépare ou s'est séparé du groupe
al munlafit	celui qui s'est tourné vers
al munlahi	celui qui perd son temps à des fins futiles
al munxari'	celui qui est pris de panique.

8. Les noms et adjectifs venant du participe actif des verbes à la huitième forme (cf. Verbes p. 161)

Ils se reconnaissent à leur forme en « *muCtaCiC* ». Cette forme est caractérisée par le préfixe « *mu* », la syllabe « *ta* » placée après la première consonne du radical du verbe, et la voyelle « *i* » en dernière position :

al muctari	l'acheteur
	cf. *ictara* : acheter
al mubtali'	celui qui se consacre à une tâche pénible
	cf. *ibtala'* : souffrir (à cause de)
al mujtahid	l'appliqué, le studieux
	cf. *ijtahad* : faire effort
al muntazir	celui qui attend ;
al mujtami'	celui qui s'est joint à.

9. Les noms et adjectifs venant du participe actif des verbes à la neuvième forme (cf. Verbe p. 162)

Ils se reconnaissent à leur forme en « *mustaCCiC* ». Cette forme est caractérisée par le préfixe « *musta* » et la voyelle « *i* » en dernière position :

al mustahbil	le plaisantin
	cf. *istahbal* : plaisanter
al mustankir	celui qui a mauvais caractère
	cf. *istankar* : être agressif, irritable
al mustadrij	celui qui surmonte les obstacles, le chanceux
al mustafig	celui qui est en accord avec quelqu'un
al musta'idd	celui qui est prêt, capable de
al musta'mir	le colonisateur
al mustakbir	le vaniteux.

Index n° 2 : Noms et adjectifs venant des participes passifs

1. Les noms et adjectifs venant du participe passif des verbes à la première forme sont caractérisés par le schéma suivant : *maCCûC* :

al maxlûg	la créature
	cf. *xalag* : créer
al macgûg	l'opéré
	cf. *cagga* : fendre
al marhûm	le défunt
	cf. *raham* : avoir pitié
al matmûs	le sot
al mastûr	celui qui est caché
al madyûn	l'endetté
al mafjûj	le blessé à la tête
al maktûl	le condamné à mort
al mahbûb	l'aimé
al maryûd	le chéri.

2. Les noms et adjectifs venant du participe passif des verbes à la deuxième forme sont caractérisés par le schéma suivant : *muCaCCaC* :

al muzayyan	celui qui est rasé
	cf. *zayyan* : raser
al mumaccat	celui qui est tressé, coiffé
	cf. *maccat* : coiffer
al mulabbad	celui qui est caché
	cf. *labbad* : cacher
al munazzam	celui qui est organisé

LE NOM

al mukarram	celui qui est respecté
al muxallas	celui qui est sauvé
al mugaddam	celui qui est mis devant
al murabbat	celui qui est attaché
al mufattac	celui qui est cherché
al mubaccar	celui qui a reçu une bonne nouvelle
al muhallal	ce qui est permis.

3. Les noms et adjectifs venant du participe passif des verbes à la troisième forme sont caractérisés par le schéma suivant : *muCâCaC* :

al musâmah	celui qui est pardonné
	cf. *sâmah* : pardonner
al mucâwar	celui qui est consulté
	cf. *câwar* : consulter
al mudârag	celui qui est caché
	cf. *dârag* : cacher
al musâlahîn	ceux qui ont été réconciliés
al murâxab	celui qui est surveillé
al munâda	celui qui est appelé
al mutârad	celui qui est poursuivi
al muxâsam	celui à qui on n'adresse pas la parole
al muhânas	celui qui est cajolé.

4. Les noms et adjectifs venant du participe passif des autres formes dérivées sont rares.

II. Le nombre (le pluriel, le duel, les collectifs)

1. Le pluriel des noms

Nous avons classé les pluriels les plus fréquents en sept groupes, suivis des cas de suppletisme.

- Les pluriels en « *a â i* », ou en « *a â î* »

daktor	pl. *dakâtîr*	docteur
bundug	*banâdig*	fusil
mindil	*manâdîl*	foulard
dukkân	*dakâkîn*	boutique
sakkîn	*sakâkîn*	couteau
barrâd	*barârîd*	théière
zerîbe	*zarâyib*	haie.

Sur ce même modèle se forme également le pluriel des noms d'instrument (cf. p. 38), des participes passifs des verbes à la forme simple (première forme, cf. p. 52), et d'autres mots comme : *marîse* « bière de mil », *ajîne* « pâte », *askari* « soldat », *cuwâl* « sac », *markûb* « chaussure », *zabûn* « client », *farmal* « frein », *funjâl* « verre à thé », *almi* « eau », *banbar* « tabouret », *farfar* « canisse », *mutrag* « verge », *tarbêza* « table », etc.

De nombreux mots dont la première voyelle est longue et dont le pluriel est conforme à ce modèle doublent la première syllabe avec l'interposition d'un « w » :

câri	*cawâri*	rue
bôlîs	*bawâlîs*	policier
hâdis	*hawâdis*	accident.

- Les pluriel en « *u â* »

râjil	pl. *rujâl*	homme
habil	*hubâl*	corde
harba	*hurâb*	lance
kalib	*kulâb* ou *kilâb*	chien
jamal	*jumâl*	chameau
hajar	*hujâr*	pierre.

Sur ce modèle se formera le pluriel de nombreux adjectifs dont le singulier est marqué par les voyelles : « *a î* », tels que *tawîl* « long », *kabîr* « grand », *tagîl* « lourd », *gadîm* « vieux », etc.

- Les pluriels en « *u ân* »

xalag	pl. *xulgân*	vêtement

saxal	suxlân	cabri
gadah	gudhân	bol en bois
farîg	furgân	campement
rafig	ruf(u)gân	ami
xazâl	xuzlân	gazelle.

- Les pluriels en « u û »

biric	pl. burûc	natte
jilid	julûd	corps
derib	durûb	chemin
galib	gulûb	cœur
bahar	buhûr	fleuve.

On trouvera de même :

bêt	buyût	maison	dahar	duhûr	dos
têr	tuyûr	oiseau	rahad	ruhûd	marigot
tês	tuyûs	bouc	kirce	kurûc	estomac.

- Les pluriels en « u u »

Ce sont les pluriels des couleurs.

ahmar	pl. humur	rouge
axdar	xudur	vert
azrag	zurug	noir
abyad	buyud	blanc
asfar	sufur	jaune.

- Les pluriels en « î ân »

Appartiennent à ce modèle les mots dont la structure est CV:C au singulier :

bâb	pl. bîbân	porte
fâs	fisân	hache
tôb	tîbân	étoffe
hôt	hîtân	abreuvoir
dêf	dîfân	hôte, étranger
nâr	nîrân	feu.

- Les pluriels en « *ât* »

Ce sont les pluriels des noms féminins (généralement terminés en « *e* » ou « *a* »), de certains noms indiquant la parenté, de tous les diminutifs, et de bon nombre de noms empruntés à d'autres langues (souvent au français) :

ja'aba	pl. *ja'abât*	fesse
gôdâla	*gôdâlât*	cabaret
abu	*abbahât*	père
amm	*ammahât*	mère
imme	*immât*	tante
asêt	*asêtât*	assiette
labtân	*labtânât*	hôpital
kayê	*kayêtât*	cahier
riyâl	*riyâlât*	riyal.

- Les pluriels dits réguliers en « *în* »

Ce sont les pluriels de nombreux noms de métier ou de « spécialistes », et de nombreux noms et adjectifs venant des participes des verbes à la forme simple ou aux formes dérivées :

al-sarrâgîn	les voleurs	*al-sâbirîn*	les patients
al mucâwarîn	les consultés	*al munâdayîn*	les appelés
al mufatticîn	les chercheurs	*al-rakkâbîn*	les cavalier
al mustahbilîn	les plaisantins	*al musâfirîn*	les voyageurs.

- Les pluriels formés par supplétisme

Il y a des mots très fréquents dont le pluriel se forme à partir d'une autre racine. Ces pluriels n'entrent dans aucune catégorie. Nous avons ainsi rencontré :
– *awîn* « femmes, épouses » qui est le pluriel de *mara* ;
– *niswân* « femmes (en général) » qui sert aussi de pluriel à *mara* ;
– *xêl* « chevaux » qui est le pluriel de *juwâd* ;
– *dugâg* « petits et jeunes », venant de *dagîg* « farine » est utilisé comme pluriel de *saxayyar* au lieu de *suxâr* qui signifie : « petits de taille ou d'importance » ;
– *iyâl* « enfants » qui est le pluriel de *wilêd* au lieu de *wulâd* qui signifie : « fils, garçons ».

2. Le duel

Le duel se forme par l'adjonction du suffixe « *-ên* » au nom singulier. Le duel est de moins en moins employé par les locuteurs dont la langue maternelle n'est pas l'arabe. Il est cependant encore très utilisé :

- dans les noms de choses que l'on compte par deux

riyâl	*riyâlên*	un riyal / deux riyals
tamâtimay	*tamâtimaytên*	une tomate / deux tomates
bêt	*bêtên*	une maison / deux maisons.

- dans les noms de mesure

mitir	*mitrên*	mètre / deux mètres
yarda	*yarditên*	un yard / deux yards
durâ'	*durâ'ên*	une coudée / deux coudées.

- dans les noms de nombres

miya	*mîtên*	cent / deux cents
alif	*alfên*	mille / deux mille
malyûn	*malyûnên*	un million / deux millions.

- dans les expressions du temps

yôm	*yômên*	un jour / deux jours
sana	*santên*	une année / deux années
sâ'a	*sâ'itên*	une heure / deux heures.

Remarques :

- Pour certains membres du corps qui sont symétriques, le duel se confond avec le pluriel :

rijil	*rijilên*	un pied / des pieds, ou deux pieds
îd	*îdên*	une main / des mains, ou deux mains
adân	*udunnên*	une oreille / des oreilles, ou deux oreilles[3]
usba'	*asab'ên*	un doigt / des doigts, ou deux doigts.

---

3. On entend aussi *adânât* ou *udunne* au lieu de *udunnên*.

Simît harakit rijilên al askar fî l-lêle di wallâ ?
« As-tu entendu le pas des militaires cette nuit ? »

• Il y a des pluriels en « *-ên* » qui ne sont pas à confondre avec des duels :

râs	*rusên*	tête / des têtes
imm	*amâmên*	oncle paternel / des oncles paternels
xâl	*xawâlên*	oncle maternel / des oncles maternels.

• Le duel est de plus en plus remplacé par le pluriel du nom suivi de l'adjectif *tinên*. Ainsi on dira :

iyâl tinên	plutôt que	*wilêdên*
kutub tinên	plutôt que	*kitâbên*
jidâd tinên	plutôt que	*jidâdtên*.

3. *Les noms collectifs*

• Ces noms sont nombreux et désignent :

— l'ensemble d'une espèce vivante, végétale ou animale :

bêd	les œufs	*bagar*	les bovins
basal	les oignons	*cadar*	les arbres
dubbân	les mouches	*côk*	les épines
hût	les poissons	*xanam*	les caprins et ovins.

— l'ensemble des personnes exerçant le même métier :

askar	les soldats	*jazzâra*	les bouchers
nasâra	les Blancs	*haddâd*	les forgerons.

— l'ensemble de ceux qui sont de la même ethnie, race ou population :

Arab	les Arabes	*Hujâr*	les Hadjeray
Ciningâl	les Sénégalais	*Kanumbu*	les Kanembou
Gur'ân	les Goranes	*Salâmât*	les Salamat
Hawsa	les Haoussa	*Sârâ*	les Sara.

• Ces noms fonctionnent comme des pluriels même s'ils n'en n'ont pas l'apparence. Un « collectif » sujet entraîne généralement, un accord au pluriel :

Al xanam yâkulu l-cadar.	Les chèvres mangent les arbres.
Al haddâd gâ'idîn fi taraf al hille.	Les forgerons sont au bout du village.

Cependant, s'il s'agit d'un « collectif » désignant des volatiles, le prédicat (adjectif ou verbe) ne s'accorde pas et reste au masculin singulier :

Al-hamâm mardân.	Les pigeons sont malades.
Al-jarâd akal al xalla.	Les sauterelles ont mangé le mil.
Al-têr atcân.	Les oiseaux ont soif.
Al na'âm jara ajala.	Les autruches ont couru très vite.

• Ces noms possèdent un nom d'unité : un « singulatif ». Celui-ci est généralement obtenu en suffixant :
  – « *ay* » aux noms collectifs de végétaux ou d'animaux (qui deviennent alors féminins),
  – « *i* » aux noms collectifs concernant les humains (qui devient « *ay* » après un « a »).

bêday	un œuf	*bagaray*	une vache
basalay	un oignon	*xanamay*	une chèvre ou un mouton
cadaray	un arbre	*dubbânay*	une mouche
côkay	une épine	*hûtay*	un poisson.

Tous les noms d'unité ci-dessus sont devenus féminins.

Arabi	un Arabe	*askari*	un soldat
nasrâni	un Blanc	*haddâdi*	un forgeron
jazzâri	un boucher	*xayyâti*	un tailleur
Saray	un Sara	*Ciningâli*	un Sénégalais
Gur'âni	un Gorane	*Masalâti*	un Massalit
Salâmi	un Salamat	*Kanumbay*	un Kanembou
Hajaray	un Hadjéray	*Hawsâti*	un Haoussa.

Certains noms d'unité ont des pluriels. On ne désigne plus alors l'espèce ou la collectivité comme telle, mais des individus qui la composent.

têray	un oiseau	*têr*	les oiseaux (en général)
		tuyûr	des oiseaux
askari	un soldat	*askar*	les soldats (en général)
		asâkir	des soldats.

Le pluriel des noms d'unité désignant des hommes ayant un métier, ou faisant partie d'un groupe caractéristique, est en « -a ».

Fî bêti indi nâs jazzâra wa attâla wa carrâka.
J'ai chez moi des bouchers, des débardeurs, des braconniers.

N.B. Le nom collectif désigne un genre, une espèce, un ensemble, et fonctionne comme un pluriel, mais le pluriel du nom d'unité (« singulatif ») ne désigne que des unités ou des individus de cet ensemble.

III. Le genre (masculin, féminin)

Le genre grammatical du nom se manifestant dans les accords (adjectifs, participes, prédicats adjectivaux, etc.). La plupart des noms étant masculins, nous nous contenterons de donner un classement des noms féminins. Ce sont :

1. Les noms simples singuliers terminés par « *a* », « *e* », ou « *ay* »

mara	femme	*jâmiye*	mosquée	*cadaray*	arbre
kûra	ballon	*binêye*	fille	*harray*	soleil.

Exceptions

Il y a des mots terminés par « *a* » ou par « *e* » et qui sont masculins. Ils ont pris en fait l'apparence de mots féminins à cause de la disparition de la consonne finale. Nous avons ainsi rencontré les noms masculins suivants : *aca* « dîner », *dawa* « médicament », *ru'â* « songe », *xada* « repas de midi », *gôtâbê* « porteur », *zurra'* « ferment », *daha* « le temps entre 8 et 10 h. », etc.

2. Les noms composés avec le préfixe « *am-* » (mère de)

ambardom	bouillie	*amkîki*	violon de berger
amkurum	gésier	*amtaba'aj*	bière sucrée
amzôbahâni	tourbillon.		

LE NOM

3. Les êtres de sexe féminin

ajûz   vieille femme   *axut*   sœur   *faras*   jument.

4. Certains organes et parties symétriques du corps

ên	œil	*îd*	main
rijil	pied	*adân*	oreille
batun	ventre.		

5. Des êtres dangereux ou dont on cherche à se protéger

nâr	feu	*agrab*	scorpion
rih	vent	*harb*	guerre
arnab	lapin	*bîr*	puits
fâs	hache	*sakkîn*	couteau
lêl	nuit, etc.		

6. Des noms empruntés à d'autres langues que l'arabe

watîr	véhicule	*gôro*	noix de cola
asêt	assiette	*karyo*	pot en fibres végétales
karbalo	cuvette	*lamôrik*	semi-remorque
dandal	lieu pour les rencontres, etc.		

7. Des noms propres géographiques

Tcâd	le Tchad	*Kanem*	le Kanem
Sâr	Sarh	*Amhajar*	Oum-Hadjer
Musoro	Moussoro, etc.		

8. d'autres noms tels que :

nafis	âme	*kôkab*	planète
kôro	bol émaillé	*dâr*	région
balad	pays	*ruh*	esprit, etc.

C. L'article

L'arabe ne possède qu'un seul article dont l'emploi correspond, d'une manière générale, à celui de l'article défini du français.

I. L'article « al » est invariable

al binêye	la fille	*al banât*	les filles
al-râjil	l'homme	*al-rujâl*	les hommes.

II. Fonction de l'article

L'article détermine le nom commun, ou l'adjectif dont il fait un nom par substantivation.

Al wilêd fôg al kalib.   L'enfant est sur le chien.
Al mardân fî l bêt.   Le malade est à la maison.

III. L'assimilation de l'article

Dans la prononciation, le « *l* » de l'article est assimilé aux consonnes dentales et palatales suivantes : *c, d, j, l, n, ny, r, s, t, tc, z.* (Cf. pages 11 et 14.)

al-nâr	réalisé	[annâr]	le feu
al-câhi		[accâhi]	le thé
al-salâm		[assalâm]	la paix
al-zere'		[azzere']	le champ
al-râjil		[arrâjil]	l'homme
al-dagîg		[addagîg]	la farine
al-juwâd		[ajjuwâd]	le cheval
al-tâhûna		[attâhûna]	le moulin
al-labtân		[allabtân]	l'hôpital
al-nyangûr		[annyangûr]	le chiffon
al-tcâka		[attcâka]	le métier.

Cette assimilation du « *l* » de l'article est automatique, mais, si on ne la réalise pas, cela ne nuit pas à la compréhension. Nous indiquons par un trait d'union l'assimilation du « *l* » de l'article.

IV. L'élision

La voyelle « a » de l'article s'élide après un mot qui se termine par une voyelle. Là encore, la violation de cette règle ne nuit pas à la compréhension.

Al-sarrâg fi l bêt.	Le voleur est dans la maison.
Hû katab be l faham.	Il a écrit avec le charbon de bois.
Al wilêd ma'â l awîn.	L'enfant est avec les femmes.
Mûsa abu l binêye.	Moussa est le père de la fille.

V. Assimilation et élision

Waga' fi l-tîne.	Il est tombé dans la boue.
	On entendra et on lira : [waga' fittîne].
Maca fi l-sûg.	Il est allé au marché.
	On entendra et on lira : [maca fissûk].

5

Le participe

La formation du participe actif et du participe passif obéit à des règles simples. Un tableau général permet de rendre compte de la structure morphologique de tous les participes aux formes simples comme aux formes dérivées. Cf. pp. 40-41.

Tableau général de de la formation des participes

formes	verbes	sens	participe actif	participe passif
1	CaCaC katab	écrire	CâCiC kâtib	maCCûC maktûb
2	CaCCaC fattac	chercher	muCaCCiC mufattic	muCaCCaC mufattac
3	CâCaC râfag	accompagner	muCâCiC murâfig	muCâCaC murâfag
4	aCCaC ôra[1]	faire savoir	muCCiC mu'ôri	muCCaC mu'ôra
5	alCaCCaC albactan	enquiquiner	mulCaCCiC mulbactin	mulCaCCaC mulbactan
6	alCâCaC al'âmaro	se réconcilier	mulCâCiC mul'âmir	mulCâCaC mul'âmar
7	anCaCaC anfarag	se séparer	munCaCiC munfarig	munCaCaC munfarag
8	iCtaCaC intazar	attendre	muCtaCiC muntazir	muCtaCaC muntazar
9	istaCCaC ista'mar	coloniser	mustaCCiC musta'mir	mustaCCaC musta'mar

---

1. La racine de ce verbe est *wry ; awray est devenu ôra.

A. Le participe actif

Le participe actif est employé pour indiquer :
– une action en train de s'accomplir ;
– un mouvement qui est en train de s'effectuer, ou sur le point de se réaliser ;
– une position ou un état du corps qui dure.

I. Le participe actif des verbes à la forme simple (première forme)

1. Le schème $C_1âC_2i(C_3)$
   Ce schème caractérise le participe actif des verbes de mouvements, de position ou d'état du corps qui ont une structure de type $C_1vC_2v(C_3)$.

   Inta mâci wên ?
   Où vas-tu ? (Litt. : « Où es-tu allant ? »)

   Hummân jâyîn min al-sûg.
   Ils viennent du marché. (Litt. : « Ils sont venant du marché. »)

   Mûsa mârig barra fi l xala.
   Moussa est sur le point de partir en brousse. (Litt. : « Moussa est en partance en brousse. »)

   Ali râgid wa Salûsa nâyme.
   Ali se repose et Saloussa dort. (Litt. : « Ali se reposant et Saloussa dormant. »)

2. L'auxiliaire « gâ'id »
   Cet auxiliaire permet l'expression du participe actif. *Gâ'id* (masculin), *gâ'ide* (féminin) ou *gâ'idîn* (pluriel) est en fait la forme participiale du verbe *ga'ad / yagôd* « être là, rester ». Ce participe se trouve en position de prédicat dans la phrase nominale ou verbale. (Voir Chapitres 13-15.)

   Mûsa gâ'id.
   Moussa est là.

   Lorsque ce participe est suivi d'un verbe à l'inaccompli, il devient un auxiliaire qui prend le sens de « être en train de ».

   Hû gâ'id yacarab.
   Il est en train de boire.

Mâla l binêye di gâ'ide tabki ?
Pourquoi cette fille est-elle en train de pleurer ?

Hî gâ'ide tugûl al êc mâ banjad.
Elle est en train de dire que la boule ne cuira jamais.

Cet auxiliaire servira à l'expression du participe actif dans les verbes de mouvement, de position ou d'état du corps ayant à l'accompli la structure de forme $C_1vC_2C_3v$, tels que *dassa* « introduire », *darra* « verser », *gacca*, « balayer », etc.

Wilêdak gâ'id yidiss îdah fî l mulah.
Ton enfant est en train de mettre sa main dans la sauce.

Humman gâ'idîn yidirru l-câhi.
Ils sont en train de verser le thé.

Gâ'ide tugucc al faday.
Elle est en train de balayer la cour.

II. Le participe des verbes aux formes dérivées

La structure morphologique du participe actif de chacune des formes dérivées est particulière (Cf. tableau page 65). Mais cette forme entre en concurrence avec la tournure *gâ'id + inaccompli* qui est de plus en plus employée.

Al wilêd gâ'id yinjamma tihit al-cadaray.
au lieu de : *Al wilêd munjammi tihit al-cadaray.*
L'enfant est en train de se reposer sous l'arbre.

Al banât gâ'idîn yifattucu gurushum.
au lieu de : *Al banât mufatticîn gurushum.*
Les filles cherchent leur argent.

Anâ gâ'id nibarrid.
au lieu de : *Anâ mubarrid.*
Je suis en train de me laver.

B. Le participe passif

Le participe passif montre un sujet subissant ou ayant subi une action.

Âdum macgûg.
Adoum est opéré.

Al mara di muzayyana.
Cette femme est rasée.

Al-rujâl dôl maktûlîn.
Ces hommes sont condamnés à mort.

C. Le genre et le nombre des participes

I. Les participes actifs ont un féminin en « *e* » et un pluriel régulier en « *în* ».

Inta râkib al-juwâd.
Tu montes le cheval.

Inti râkibe l biskilêt.
Tu montes la bicyclette.

Humân râkibîn fî dahar al watîr.
Ils sont montés derrière la voiture.

Al yôm anâ musâfir, inti musâfire, anîna musâfirîn...
Aujourd'hui je pars en voyage, tu (fém.) pars en voyage, nous partons en voyage...

II. Les participes passifs ont un féminin en « *a* » et un pluriel régulier en « *în* ».

Al wilêd musâmah.
L'enfant est pardonné.

Al binêye musâmaha.
La fille est pardonnée.

Al kubâr musâmahîn.
Les grands sont pardonnés.

Mahammat marhûm.
Mahammat est décédé.

Kaltûma marhûma.
Kaltouma est décédée.

Nâs al bêt da marhûmîn.
Les gens de cette maison sont décédés.

Les participes peuvent être employés comme des adjectifs ou bien comme des noms. Voir *l'adjectif* p. 76 ; voir aussi *le nom* pp. 40-41 et pp. 47-53.

6

L'adjectif

A. Forme caractéristique de certains adjectifs

I. Différentes structures vocaliques à l'intérieur de la racine

1. La structure morphologique en CaCûC

Elle est celle des adjectifs concernant l'activité de la personne.

dalûl	docile, doux	*sabûr*	patient
hasûd	envieux, jaloux	*rasûl*	envoyé
nakûr	rétif	*hanûn*	tendre, affectueux
zabûn	client	*salûs*	obéissant, sérieux.

Le féminin de ces adjectifs est en « *a* » et le pluriel en « *în* » : *hasûda* « envieuse », *nakûra* « rétive », etc.

Beaucoup sont utilisés comme prénoms féminins : *Dalûla, Sabûra, Salûsa, Hanûna*, etc.

2. La structure morphologique en CaCîC

Elle correspond à celle des adjectifs apportant une certaine idée de dimension, de quantité, de volume, d'espace.

ba'îd	loin	*garîb*	près
cadîd	puissant	*rahîf*	fin
tawîl	long, grand	*saxîr*	petit
kabîr	grand	*galîl*	peu, un peu, menu
gadîm	vieux	*jadîd*	neuf
tagîl	lourd	*xafîf*	léger
samîn	gras	*adîl*	parfait
atîm	orphelin	*katîr*	nombreux
carîf	noble	*cadîd*	fort
karîm	généreux	*nadîf*	propre.

3. *La structure morphologique en CaCCânC*

Elle est celle des adjectifs ayant rapport à un état affectif passager.

haznân	triste	*farhân*	heureux
atcân	assoiffé	*jî'ân*	affamé
kacrân	renfrogné	*radyân*	satisfait
sakrân	saoûl	*wasxân*	sale
kaslân	paresseux	*raxbân*	avare
ayyân	fatigué, épuisé	*xaflân*	inattentif
ta'abân	fatigué	*aryân*	nu
jahmân	enragé	*rawyân*	rassasié
acmân	arrogant	*mardân*	malade
malyân	plein de	*nadmân*	celui qui regrette.

4. *La structure morphologique en CâCiC*

- Elle est celle des participes actifs à la forme simple (voir p. 66).

- Elle est aussi celle des adjectifs décrivant l'état extérieur des êtres.

hâmi	chaud	*bârid*	froid
wâgif	debout	*râgid*	couché
hâdir	présent	*tâhir*	pur
âlim	savant	*sâkit*	silencieux
yâbis	sec	*fâjir*	hautain, méprisant.

• Elle est encore la structure des adjectifs ordinaux. Voir les nombres p. 81.

tâni	second	*tâlit*	troisième
râbi	quatrième	*xâmis*	cinquième.

Remarques

Tous les adjectifs qui entrent dans les séries n° 3 et 4 ci-dessus ont un féminin en « *e* », et le pluriel en « *în* ».

wasxâne / wasxânîn	sale (fém.) / sales
atcâne / atcânîn	assoiffée / assoiffés
tâniye / tâniyîn	deuxième / deuxièmes

Les adjectifs de la série n° 2, de structure *CaCîC*, ont un féminin en « *e* » et un pluriel irrégulier.

cadîde / cudâd	puissant / puissante
tawîle / tuwâl	longs / longue
jadîde / judad	neufs / neuve
xanîye / axniya	riches / riche (fém.)

II. Les adjectifs formés avec un préfixe « a »

1. Les adjectifs masculins désignant des couleurs

masculin	féminin	pluriel	sens
abyad	*bêda*	*buyud*	blanc
asfar	*safra*	*sufur*	jaune
azrag	*zarga*	*zurug*	noir, bleu foncé
axabac	*xabca*	*xubuc*	gris
asmar	*samra*	*sumur*	brun, fauve
ahmar	*hamra*	*humur*	rouge
axdar	*xadra*	*xudur*	vert, bleu clair
aswad	*sawda*	*suwud*	noir
acgar	*cagra*	*cugur*	roux
abras	*barsa*	*burus*	rose

Quelques couleurs de la peau des hommes :

abyad « blanc », *abras* « rose foncé, couleur des albinos », *asfar* « brun clair », *ahmar* « cuivre », *axdar* « brun foncé », *aswad* « noir foncé », *azrag* « noir », etc.

Quelques couleurs de la peau des animaux :

axarra « gris bleu », *argat* « moucheté », *acgar* « alezan, roux », *ahaw* « bai brûlé », etc.

2. Les adjectifs indiquant une déformation physique ou des sens

masculin	féminin	pluriel	
ahdab	*hadba*	*hudub*	bossu
a'war	*awra* [ôra]	*uwur*	borgne
amalas	*malsa*	*mulus*	lisse
axcan	*xacna*	*xucun*	rugueux
a'waj	*awja* [ôja]	*uwuj*	tordu
atrac	*tarca*	*turuc*	sourd.

3. Les superlatifs relatifs, invariables

kabîr	grand	*al akbar*	le plus grand
saxîr	petit	*al asxar*	le plus petit
katîr	beaucoup	*al aktar*	les plus nombreux
samhe	belle	*al asmah*	la plus belle
gawi	fort	*al agwa*	le plus fort
nagas	diminuer	*al angas*	le moins cher.

L'ADJECTIF

III. Les adjectifs composés d'un suffixe « -i »

1. Le suffixe « -i »

Le suffixe « *-i* » permet la formation d'adjectifs[1] indiquant :

- l'origine géographique des personnes

Tacâdi	Tchadien	venant du pays *Tcâd*
Sudâni	Soudanais	venant du pays *Sûdân*
Masri	Égyptien	venant du pays *Masir*
Lîbi	Lybien	venant du pays *Lîbya*
Tûnsi	Tunisien	venant du pays *Tûnis*.

- une couleur à partir d'une matière

zahari	bleu	venant du colorant *zahar*
kuhuli	noir khol	venant de l'oxyde de plomb *kuhul*
rumâdi	cendré	venant de la cendre *rumâd*
garadi	violet	venant du fruit de l'arbre *garad*
labani	laiteux	venant de la couleur du lait *laban*.

Tous ces adjectifs ont un féminin et un pluriel réguliers :

Inta Tacâdi, Zâra Tacâdiye, anîna Tacâdiyîn.
Tu es Tchadien, Zara est Tchadienne, nous sommes Tchadiens.

Mindîli zahari, farditki zahariye, xulgânhum zahriyîn.
Mon foulard est bleu, ton pagne est bleu, nos habits sont bleus.

2. Le suffixe « -âni »

Le suffixe « *-âni* » permet la formation des adjectifs désignant :

- une position par rapport aux points cardinaux

watyâni	méridional	cf. *wati* « sud »
sabhâni	oriental	cf. *sabah* « est »
xarbâni	occidental	cf. *xarib* « ouest ».

---

1. Ces adjectifs ne doivent pas être confondus avec les noms suffixés en « *-i* » dans lesquels le « *i* » est le nom d'unité d'un collectif (voir p. 59).

(Exception : *mincâxi* « septentrional », cf. *mincâx* « nord ».)

- une situation dans l'espace

ustâni	central	cf. *usut* « au milieu »
fôgâni	supérieur	cf. *fôg* « en haut »
tihtâni	inférieur	cf. *tihit* « en bas »
barrâni	extérieur	cf. *barra* « dehors »
daxalâni	intérieur	cf. *daxal* « dedans »
tarfâni	à l'extrémité	cf. *taraf* « bord »
giddâmi	antérieur, en avant	cf. *giddâm* « devant »
warrâni	postérieur, en arrière	cf. *wara* « derrière ».

N.B. On a *giddâmi* et non pas *giddâmâni* ; on fera de plus la différence entre *giddâmi* « antérieur, en avant » et *giddâmî* « devant moi ».

Al-juwâd al giddâmi da jarray.
Le cheval qui est en avant est un coursier.

Al-juwâd al giddâmî jarray.
Le cheval qui est devant moi est un coursier.

Tous ces adjectifs ont un féminin et un pluriel réguliers :

Amci be l-câri al watyâni !
Pars par la rue du sud !

Wasalna l hille al watyâniye.
Nous avons rejoint le village du sud.

Al-rujâl dôl min al-nâs al watyâniyîn.
Ces hommes sont des méridionaux.

IV. Les adjectifs venant des participes

1. Adjectifs venant des participes actifs

Nous avons vu que de nombreux participes actifs pouvaient être employés comme des noms (cf. pp. 40 et 47), ces mêmes participes sont souvent d'abord employés comme des adjectifs.

Mûsa ma'â râjil mujrim fi l-dangay.
Moussa est en prison avec un criminel.

Xadîje mara mujrime.
Khadija est une criminelle.

Al wilêd da sâbir.
Cet enfant est patient.

2. *Adjectifs venant des participes passifs*

Les adjectifs venant des participes passifs sont moins nombreux que les précédents.

• Adjectifs venant des participes passifs des verbes à la forme simple

maktûb	écrit	*maftûl*	tressé, costaud
marhûk	écrasé, réduit en poudre	*masdûd*	fermé
mafhûm	compris	*mahrût*	cultivé
magcûc	balayé	*manjûr*	creusé
madmûn	sûr	*mafcûc*	dégonflé.

• Adjectifs venant des participes passifs des verbes à la 2ᵉ forme

mulawwas	bouché	*mu'ajjar*	loué
mufajjar	explosé	*muxassal*	lavé
muxayyat	cousu	*mutarram*	émoussé, écaillé
mutarrag	aiguisé	*mujahhaz*	apprêté, préparé.

• Adjectifs venant des participes passifs des verbes à la 3ᵉ forme

munâsab	convenable	*mugâwas*	mesuré
mu'ârad	croisé, de travers	*mukôyam*	entassé.

• Les adjectifs venant des participes passifs des verbes aux autres formes verbales sont plus rares. Nous avons rencontré :
– venant de la 4ᵉ forme : *mu'ôra* « dit, transmis » ;
– venant de la 6ᵉ forme : *mulgâsam* « partagé », *muhâwat* « tête-bêche » ;
– venant de la 9ᵉ forme : *musta'kal* « usé », *musta'bad* « asservi », *mustaxdam* « d'occasion, usagé ».

● Le féminin et le pluriel de ces adjectifs

Les adjectifs, venant des participes passifs des verbes (aux formes simples ou dérivées), ont leur féminin en « *a* » et leur pluriel en « *în* ».

marhûka / marhûkîn	écrasée / écrasés
masdûda / masdûdîn	fermée / fermés
magcûca / magcûcîn	balayée / balayés
muxassala / muxassalîn	lavée / lavés
mugâwasa / mugâwasîn	mesurée / mesurés
mukôyama / mukôyamîn	entassée / entassés.

B. Les comparatifs et les superlatifs

I. Les comparatifs se forment en ajoutant « *min* » ou « *misil* » après l'adjectif.

Zênaba kabîre min Maryam.
Zénaba est plus grande que Mariam.

Iyâl lekkôl hawânîn misil iyâl kadâde.
Les écoliers sont aussi méchants que les enfants de la brousse.

Lorsqu'il s'agit de comparer une quantité on utilise les expressions : *katîr ... min* « plus ... que », *ciya ... min* « moins ... que », *ciyya ... min* « un tout petit peu moins ... que ».

Âdum indah bagar katîr minnak.
Adoum a plus de vaches que toi.

Al yôm almi sabba ciya min amis.
Aujourd'hui il a plu moins qu'hier.

II. Le superlatif absolu s'exprime avec l'ajout de l'adverbe *bilhên* « très » lorsqu'il s'agit d'une qualité, ou *katîr* « beaucoup » lorsqu'il s'agit d'une quantité.

Al hatab da gawî bilhên.
Ce bois est très dur.

Xayyâti hanâi xanî bilhên.
Mon tailleur est très riche.

Al mulâh indah mileh katîr.
La sauce est très salée.

Al-râjil da gudurtah katîre.
Cet homme est très fort.

Pour les adjectifs désignant des couleurs, le superlatif absolu s'exprime avec des adverbes idéophoniques.

abyad karr	très blanc
ahmar tcû	très rouge
azrag litt, azrag kurum	très noir
axadar sirij	très vert
axabac till	très gris.

III. Le superlatif relatif se forme en insérant l'adjectif dans l'expression : « al... min ».

Hû cara l-juwâd al gawî min kulla l xêl.
Il a acheté le plus fort de tous les chevaux.

Hû ligi l mara l-samhe min al awîn.
Il a trouvé la plus jolie des femmes.

Le superlatif relatif peut aussi se former à partir de la racine du mot précédée du préfixe « a »; cf. p. 74. Ces adjectifs sont alors invariables.

Hû cara l-juwâd al agwa.
« Il a acheté le cheval le plus fort. »

Hû ligi l mara l asmah.
« Il a trouvé la femme la plus belle. »

C. Les nombres

I. Les nombres cardinaux

wâhid	un, un seul	ihdâcar[2]	onze
wahade[3]	une, une seule		
tinên	deux	atnâcar	douze
talâta[4]	trois	talattâcar	treize
arba'a	quatre	arbâtâcar[5]	quatorze
xamsa[6]	cinq	xamistâcar	quinze
sitte	six	sittâcar	seize
saba'a	sept	sabâtâcar[7]	dix-sept
tamâne	huit	tamântâcar	dix-huit
tis'a	neuf	tisâtâcar[8]	dix-neuf
acara	dix	miya	cent
icirîn[9]	vingt	mitên	deux cents
talâtîn	trente	tultumiya	trois cents
arba'în	quarante	urbumiya	quatre cents
xamsîn	cinquante	xumsumiya	cinq cents
sittîn	soixante	suttumiya	six cents
sab'în	soixante-dix	subûmiya	sept cents
tamânîn	quatre-vingts	tumunmiya	huit cents
tis'în	quatre-vingt-dix	tusûmiya	neuf cents
alif	mille	miyât	des centaines
alfên	deux mille	âlâf	des milliers
talâta alif	trois mille	malâyîn	des millions
malyûn	million	milyâr	milliard
malyûnên	deux millions	milyârât	des milliards.

---

2. À N'Djaména, les nombre de 11 à 19 sont décomposés ; on préfèrera dire :
   acara wa wâhed « onze » litt. « dix et un »,
   acara wa tinên « douze » litt. « dix et deux »,
   acara wa talâta « treize » litt. « dix et trois », etc.
   Le « t » qui s'intercale entre les deux nombres est la marque du féminin.
3. On entend aussi *wahde*.
4. On entend aussi *talâte*.
5. On entend aussi *arba'tâcar*.
6. On entend aussi *xamse*.
7. On entend aussi *saba'tâcar*.
8. On entend aussi *tisa'tâcar*.
9. Pour dire « vingt et un », on dira *wâhid wa icirîn*.

L'ADJECTIF

II. Les nombres ordinaux

masculin	féminin	
awwa / (âni)	*awwalanîye*	premier
tâni	*tâniye*	second
tâlit	*tâlte*	troisième
râbi'	*râbi'e*	quatrième
xâmis	*xamîse*	cinquième
sâti'	*sâti'e*	sixième
sâbi'	*sâbi'e*	septième
tâmin	*tâmine*	huitième
tâsi'	*tâsi'a/e*	neuvième
âcir	*âcira/e*	dixième.

Fî l kilâs, Mûsa marag al-tâmin fî talâtîn iyâl.
En classe, Moussa est huitième sur 30 élèves.

A partir de « onzième », on utilise le nombre cardinal précédé de *nimra* « numéro ».

Fî naga'at al xêl, juwâdi wassal nimra ihdâcar fî îcirîn.
Au champ de course, mon cheval est arrivé onzième sur vingt.

III. Les fractions

nuss	moitié (1/2)	*subu'*	septième (1/7)
tilit	tiers (1/3)	*tumun*	huitième (1/8)
rubu'	quart (1/4)	*tusu'*	neuvième (1/9)
xumus	cinquième (1/5)	*ucur*	dixième (1/10).
sudus	sixième (1/6)		

Hassâ, al-sâ'a sitte illa rubu'.
A présent, il est six heures moins le quart.

A partir de « un onzième » (1/11), on utilise une périphrase.

Gassamo l-dôr hanâ l bagar alê icirîn bakân wa anâ carêt al gisim al wâhid.
J'ai acheté le vingtième du troupeau de vaches. Litt. : « Ils ont partagé le troupeau de vaches en vingt parties, et j'ai acheté la partie une. »

IV. Lecture des nombres

Pour lire le nombre 2 345 617 on dira : *itnên malyûn wa tultumiya wa arba'în wa xamsa alif wa suttumiya wa sabâtâcar.*

Voici comment on exprimerait la superficie du Tchad :

Tcâd indaha wâhid malyûn wa mitên wa arba'a wa tamanîn alif kilmêtir murabba,
Le Tchad a un million deux cent quatre-vingt-quatre mille kilomètres carrés.

Remarque

Le nombre peut être déterminé par l'article. Il se comporte comme un nom, et comme un adjectif.

Rujâl talâta jo.
Trois hommes sont venus.

Al-rujâl al xamsa maco.
Les cinq hommes sont partis.

Al-rujâl tamâne.
Les hommes sont au nombre de huit.

Humman arba'a, al wâhid câloh wa l-talâta fâto.
Ils étaient quatre ; l'un a été pris, les trois autres sont partis.

V. L'accord de ce qui est compté avec les nombres

1. Lorsque ce qui est compté suit le nombre, on ne fait pas l'accord et le nom reste généralement au singulier.

Al bêt indah arba'a carganiye.
La maison a quatre sékos.

Ligit icirîn kitâb.
J'ai trouvé vingt livres.

Arba'în râjil jo lê Âdum.
Quarante hommes sont venus vers Adoum.

L'ADJECTIF

Mais le pluriel est aussi admis :

Indi talâta iyâl.
J'ai trois enfants.

2. Lorsque ce qui est compté précède le nombre, on fait l'accord et le nom se met au pluriel.

Al bêt indah carâgine arba'a.
La maison a quatre sékos.

Ligit kutub icirîn.
J'ai trouvé vingt livres.

Rujâl arba'în jo lê Âdum.
Quarante hommes sont venus vers Adoum.

N.B. L'emploi du singulier ou du pluriel peut faire apparaître des différences de sens lorsque la forme du pluriel se confond avec celle d'un « collectif » (voir p. 58).

Carêt icirîn bagaray.
J'ai acheté vingt vaches.

Carêt bagar icirîn.
J'ai acheté vingt bœufs (taureaux, bœufs ou vaches).

7

Le pronom

A. Les pronoms personnels

Les pronoms personnels se présentent sous deux aspects : isolés ou suffixés. Le pronom personnel sujet est isolé. Le pronom complément est suffixé au mot dont il est complément.

I. Le pronom personnel isolé

Il se présente ainsi :

	singulier		pluriel
	masc.	fém.	
1ère pers.	*anâ*	*anâ*	*anîna*
2e pers.	*inta*	*inti*	*intu*
3e pers.	*hû*	*hî*	*humman*

Pour l'utilisation du pronom personnel isolé, nous renvoyons à la phrase nominale (dans laquelle il est le sujet, voir pp. 197-198) et à la phrase verbale (dans laquelle il permet l'emphase, voir p. 216).

Anâ wa hî min Abbece.
Elle et moi sommes d'Abéché. (Litt. : « Moi et elle... »)

Inti tusûti l êc al yôm.
C'est toi qui prépareras la boule aujourd'hui.

II. Le pronom personnel suffixe complément

En position de suffixe, le pronom personnel se présente ainsi :

Singulier   après V-   après C-   après CC-

1ère pers.		moi	*-i*	*-i*	*-i*
2e pers.	(masc.)	toi	*-k*	*-ak*	*-ak*
	(fém.)		*-ki*	*-ki*	*-iki*
3e pers.	(masc.)	lui	*-h / (-yah)*	*-ah*	*-ah*
	(fém.)	elle	*-ha*	*-ha*	*-aha*

Pluriel

1ère pers.	nous	*-na*	*-na*	*-ina*
2e pers.	vous	*-ku*	*-ku*	*-uku*
3e pers.	eux, elles	*-hum*	*-hum*	*-uhum*

Le pronom personnel peut être suffixé :
– à un nom, il est alors l'équivalent du pronom possessif en français ;
– à une particule, un adverbe ou une préposition ;
– à un verbe, et dans ce cas il est complément d'objet direct du verbe ; mais une modification importante concerne alors la première personne de ce pronom suffixé : à la place de *-i*, on trouve *-ni* (après une voyelle ou une consonne), ou *-ini* (après deux consonnes)[1].

Exemples dans lesquels le pronom personnel est suffixé à un nom masculin « *dawa* » (médicament) et à une particule « *ma'â* » (avec) qui se terminent par une voyelle :

dawai	mon médicament	*ma'âi*	avec moi
dawak	ton médicament (à toi homme)	*ma'âk*	avec toi (homme)
dawaki	ton médicament (à toi femme)	*ma'âki*	avec toi (femme)
dawayah	son médicament (à lui)	*ma'âyah*[2]	avec lui
dawaha	son médicament (à elle)	*ma'âha*	avec elle
dawana	notre médicament	*ma'âna*	avec nous
dawaku	votre médicament	*ma'âku*	avec vous
dawahum	leur médicament	*ma'âhum*	avec eux

---

1. Voir les exemples dans la syntaxe, chapitre 14, le groupe verbal, le pronom suffixé au verbe, p. 211.
2. On entendra aussi *dawah* « son médicament à lui », *ma'ah* « avec lui ».

Exemples dans lesquels le pronom personnel est suffixé à un nom *kitâb* « livre » et à une particule *fôg* « sur » qui se terminent par une consonne :

kitâbi	mon livre	*fôgi*	sur moi
kitâbak	ton livre (à toi homme)	*fôgak*	sur toi (homme)
kitâbki	ton livre (à toi femmme)	*fôgki*	sur toi (femme)
kitâbah	son livre (à lui)	*fôgah*	sur lui
kitâbha	son livre (à elle)	*fôgha*	sur elle
kitâbna	notre livre	*fôgna*	sur nous
kitâbku	votre livre	*fôgku*	sur vous
kitâbhum	leur livre	*fôghum*	sur eux

Exemples dans lesquels le pronom personnel est suffixé à un nom *amm* « mère » et à une particule *ind* « chez, auprès de » qui se terminent par deux consonnes :

ammi	ma mère	*indi*	j'ai[3]
ammak	ta mère (à toi homme)	*indak*	tu as (masc.)
ammiki	ta mère (à toi femme)	*indiki*	tu as (fém.)
ammah	sa mère (à lui)	*indah*	il a
ammaha	sa mère (à elle)	*indaha*	elle a
ammina	notre mère	*indina*	nous avons
ammuku	votre mère	*induku*	vous avez
ammuhum	leur mère	*induhum*	ils ont

III. Quelques emplois particuliers du pronom personnel suffixe complément

1. La réflexivité et la réciprocité

Suffixé au mot *nafis* (litt. : « âme »), ce pronom exprime la réflexivité.

nafsi	moi-même	*nafisna*	nous-mêmes
nafsak	toi-même (masc.)		
nafiski	toi-même (fém.)	*nafisku*	vous-mêmes
nafsah	lui-même	*nafishum*	eux-mêmes
nafsaha	elle-même	*nafishum*	elles-mêmes

---

3. *indi, indak, indiki, indah, indaha*, etc., pourrait se traduire littéralement : à moi, à toi homme, à toi femme, à lui, à elle, etc.

Mâ taktul nafsak !
Ne te tue pas ! (Litt. : « Ne tue pas ton âme ! »)

Zênaba gâ'ide ticîf nafisha.
Zénaba est en train de se regarder.

Xalli yamcu yinjammo lê nafishum !
Laisse les aller se reposer !

Nafis est aussi utilisé au pluriel (*nufûs*) et exprime la réciprocité :

Mâ taktulu nufûsku !
Ne vous tuez pas !

Humman yicîfu nufûshum fi l amcawwâfa.
Ils se regardent dans le miroir.

2. *L'insistance*

Suffixé au mot *zât*, ce pronom exprime l'insistance sur la personne.

zâti	moi-même, moi en personne, moi aussi
zâtak, zâtki	toi-même, toi en personne, toi aussi
zâtah, zâtha	lui-même, elle-même, etc.
zâtna	nous-mêmes, nous en personne, nous aussi
zâtku	vous-mêmes, etc.
zâthum	eux-mêmes, elles-mêmes, etc.

Naji lêk anâ zâti.
Moi-même je viendrai chez toi.

Humman jô be zâthum wa sifâthum.
Ils sont eux-mêmes venus. (Litt. : « Ils sont venus en personne avec leurs attributs. »)

LE PRONOM

3. L'exclusivité

Suffixé à *wehêd* (un), ce pronom exprime l'exclusivité.

wehêdî[4]	moi seul	*wehêdna*	nous seuls
wehêdak	toi seul		
wehêdki	toi seule	*wehêdku*	vous seuls
wehêdah	lui seul	*wehêdhum*	eux seuls
wehêdha	elle seule	*wehêdhum*	elles seules

Mâ tamurgi wehêdki fî l-lêl.
Ne sors pas toute seule la nuit.

Intu wehêdku gidirtu sawwêtu da.
Vous seuls avez pu faire cela.

4. Le présentatif et le prédicat d'existence

Le pronom personnel peut aussi être suffixé au présentatif *dâhû* « voici » et à l'expression *mâ fî* « n'existe pas, absent ».

On emploie le suffixe « *-ni* » au lieu de « *-i* » à la première personne du singulier.

Dâhûni !	Me voici ![5]
Anâ mâ fîni.	J'étais absent.[6]

B. Les pronoms démonstratifs

I. Le démonstratif proche et le démonstratif éloigné

1 Le démonstratif proche (celui-ci) :

masculin :	*da*
féminin :	*di*
pluriel :	*dôl*

---

4. On entend aussi *wahêdi*, *wihêdi*.
5. Voir autres exemples, Morphologie, chapitre 7, le présentatif, p. 90.
6. Voir autres exemples, Syntaxe, chapitre 12, « *fî* » prédicat d'existence, p. 201.

2. Le démonstratif éloigné (celui-là) :

masculin :	*dâk*
féminin :	*dîk*
pluriel :	*dôlâk*

3. Le démonstratif peut être pronom ou adjectif

– Le démonstratif est pronom quand il est le sujet de la phrase nominale ; il s'accorde alors avec le prédicat. Voir Syntaxe, pp. 197-198.

Da hû !	C'est lui !
Di kabîre.	Celle-ci est grande.
Dôlâk samhîn.	Ceux-là sont beaux, ou celles-là sont belles.
Dôl iyâl.	Ce sont des enfants.

– Le démonstratif est adjectif lorsqu'il suit un nom déterminé ou un pronom avec lequel il s'accorde.

Al binêye di kabîre.	Cette fille est grande.
Al-cadaray dîk saxayre.	Cet arbre là-bas est petit.
Al banât dôl jaro.	Ces filles ont couru.
Al iyâl dôlak samhîn.	Ces enfants là-bas sont beaux.
Hû da wilêd.	Celui-ci est un garçon.

II. Le présentatif

1. Le présentatif proche

dâhûni	me voici	*dâhûna*	nous voici
dâhûk	te voici (masc.)		
dâhûki	te voici (fém.)	*dâhûku*	vous voici
dâhûh	le voici		
dîhîya	la voici	*dôlhumman*[7]	les voici

Dâhû l wilêd !	Voici l'enfant !
Dîhîya jâye !	La voici qui vient !
Dôlhumman al-sarrâgîn !	Les voici les voleurs !

---

7. On entend aussi : *dôlumman*.

2. Le présentatif éloigné

dâku   le voilà !   *dîkiya*   la voilà !

Dâku jâyi !   Le voilà qui vient !
Dîkiya l binêye fî l-câri ! La voilà la fille, dans la rue !

C. Les pronoms interrogatifs

Quand l'interrogation (voir pp. 225-226) porte sur l'identité des personnes (qui ? quel ?), on utilise les pronoms suivants :

    masculin :   *yâtu*
    féminin :   *yâti*
    pluriel :   *yâtumman*

Usumak yâtu ?   Quel est ton nom ?
Al mara di yâti ?   Qui est cette femme ?
Yâtumman al-daxalo hini ? Quels sont ceux qui sont entrés ici ?

Lorsqu'il y a un choix à faire (lequel ?), on utilise les pronoms suivants :

    masculin :   *wênu*
    féminin :   *wêni*
    pluriel :   *wênumman*[8]

Wênu l wilêd al fajjani ?
Quel est l'enfant qui m'a blessé ?

Min al banât dôl tidôr wêni ?
Laquelle de ces filles désires-tu ?

Wênumman al-rujâl al-zênîn ?
Quels sont les hommes bons ?

---

8.   On entend aussi : *wênhumman*.

Il existe des interrogatifs invariables (voir pp. 226-228)

cunû ?	quoi ?	*mâla ?*	pourquoi ?
kikkêf ?	comment ?	*wên ?*	où ?
kam ?	combien ?	*mata ?*	quand ?

D. Le relatif

Le relatif est « *al* » analogue à l'article. (Voir p. 234.)

Bêti fi l-câri al mâ indah nûr.
Ma maison est dans la rue qui est sans lumière.

Karabo l-sarrâg al ja fi bêtna amis.
Ils ont pris le voleur qui était venu chez nous hier.

E. Les pronoms indéfinis

1. *âxar* « autre », fém. : *âxara*, plur. : *âxarîn*

   Antîni kitâb âxar !
   Donne-moi un autre livre !

   Sallim nâs al bêt wa l âxarîn fi l hille !
   Salue les gens de la maison et les autres du village !

2. *ayyu* « chaque », fém. : *ayyi*

   Ayyu wâhid bidôr halâwa.
   Chacun veut des bonbons.

   Ayyu yôm al iyâl bâkulu.
   Chaque jour les enfants mangent.

3. *kulla* « tout, tous »

Il s'élide devant un pronom suffixé :

kullina, kulluku, kulluhum[9]
nous tous, vous tous, eux tous.

Kulla l bagar ciribo.
Toutes les vaches ont bu.

Kulla nâs al hille ba'arfu l-sinima.
Tous les gens du village connaissent le cinéma.

Kulluhum fâto wa nâmo fî buyûthum.
Tous sont partis et ont dormi chez eux.

Kullina akalna al yôm, wa l hamdu lillah.
Nous avons tous mangé aujourd'hui, Dieu soit loué !

Autres utilisations de *kulla* :

kulla wahid	chacun
kulla ke	tout entier, toute entière
kulla bakân	partout

Kulla wâhid minnuku bidôr yigardi watîri !
Chacun de vous veut garder ma voiture !

Al-laham kulla ke, kalib wâhid akalah.
La viande, un chien l'a entièrement mangée.

Al iyâl yalmaso l watîr fî kulla bakân.
Les enfants touchent la voiture partout.

4. *filân* « un tel », fém. : *filâne*

Filân ja.	Un tel est venu.
Filâne wildat binêye.	Une telle a mis au monde.

---

9. Voir les suffixes « *-na* », « *-ku* », « *hum* », p. 86.

5. *nâdum* « quelqu'un », fém. : *nâdumay*, plur. : *nâs* « gens » ;
nâdum + négation : « personne »

Kan nâdum ja, mâ tufukkah lêyah !
Si quelqu'un vient, ne lui ouvre pas !

Nâs katîrîn lammo fî l bakân da.
Beaucoup de gens se sont rassemblés à cet endroit.

Hini nâdum mâ fîh !
Ici, il n'y a personne !

Nâdum wâhid mâ ya'arfah.
Personne ne le connaît.

6. *wâhid* « un, quelconque », fém. : *wahade* « une »
plur. : *wahdîn* « les uns »
wahdîn ... wahdîn, wahdîn ... âxarîn « les uns ... les autres »

Fî l-sûg cuwâl hanâ sukkar wâhid ke mâ fîh.
Au marché, il n'y avait même pas un sac de sucre.

Cift binêye wahade maragat min al bêt.
J'ai vu une fille qui est sortie de la maison.

Fî l-lekkôl wahdîn yagru, wa wahdîn yal'abo.
A l'école, les uns étudient, les autres jouent.

8

Les particules

A. Les prépositions

La plupart des prépositions qui vont être étudiées sont également susceptibles d'être employées comme adverbes.

Principales prépositions

1. *acân*	8. *damma*	15. *gubbâl*	22. *ma'â*
2. *ale*	9. *dâxal fî*	16. *hanâ*	23. *min*
3. *ambên(ât)*	10. *fî*	17. *hatta*	24. *misil*
4. *ba'ad*	11. *fôg*	18. *ind*	25. *namma*
5. *bala*	12. *gabul*	19. *illa*	26. *tihit*
6. *be*	13. *gadur*	20. *janb*	27. *wara*
7. *bên*	14. *giddâm*	21. *lê*	

1. *acân* « à cause de, pour »

   Anâ numût acânak.
   Je vais mourir à cause de toi.

   Abûna ti'ib acânna.
   Notre père a souffert pour nous.

   Acânki inti, anâ daxalt al-sijin.
   C'est à cause de toi que je suis en prison.

2. *alê* « vers, dans la direction de » ; voir *lê* (21)

   Anâ mâci alê l-sûg.
   Je pars vers le marché.

   Yâtu mâci alê l-labtân ?
   Qui va vers l'hôpital ?

   Al kalib jâyi alêi wa anâ jarêt.
   Le chien venait vers moi et j'ai couru.

3. *ambên, ambênât* « entre, au milieu, parmi » ; voir *bên* (7)

   Ambên al mara wa l-râjil mâ tindass.
   Ne te mets pas entre une femme et son mari.

   Al arîs gâ'id ambênât rufugânah.
   Le jeune marié se tient entre ses amis.

   Alkâtalo ambênâthum.
   Ils s'entre-tuèrent.

4. *ba'ad* « après »

   Ba'ad al bâl, namcu fî l-sinima
   Après le match de football, nous irons au cinéma.

   Hû fât ba'adi wa ba'adha.
   Il est parti après moi et après elle.

   Ba'ad al akil nacarbo câhi.
   Après le repas, nous prendrons du thé.

5. *bala* « sans, sauf »

   Al miskîne maragat bala farde wa bala na'âl.
   La pauvresse est sortie sans pagne et sans sandales.

   Bala l kalib, mâ fîh nâdum ma'âi.
   Il n'y a personne avec moi sauf le chien.

   Mâ tamcu bala abûku.
   Ne partez pas sans votre père.

6. *be* « au moyen de, avec, grâce à, pendant »

Mâ taktib be bik ahmar !
N'écris pas avec un stylo à bille rouge !

Mûsa akal êc be laban wa sukkar.
Moussa a mangé la boule avec du lait et du sucre.

Carêt al xalag da be kam ?[1]
Combien as-tu acheté ce vêtement ?

Bêku intu, anâ bigit râjil.
Grâce à vous, je suis devenu un homme.

Mâ tamrug min al bêt be nahâr.
Ne sors pas de la maison pendant le jour.

7. *bên, ambên* « entre, parmi » ; voir *ambên* (3)

Mâ tagôd bên al-tôr wa l bagaray di !
Ne reste pas entre le taureau et cette vache !

Bêti bên al-labtân wa l-sûg.
Ma maison est entre le marché et l'hôpital.

Ambênna masâkîn katîrîn.
Il y a parmi nous beaucoup de miséreux.

8. *damma, damman, dammin, namma, namman, nammin* « jusqu'à ce que »

Cette préposition (avec ses variantes) marque le terme final, la limite spatiale ou temporelle que l'on ne dépasse pas. Voir *hatta* (17).

Xalîl xadam min al fajur damma lê l aciye.
Khalil a travaillé du matin jusqu'au soir.

Anâ rijit marti damman sâ'a sab'a hanâ aciye
J'ai attendu ma femme jusqu'à sept heures du soir.

Hû âc damman tis'în sana.
Il a vécu jusqu'à quatre-vingt-dix ans.

Râxat be rijilênha min Buso namman lê Anjammêna.
Elle a marché à pied de Bousso jusqu'à N'Djaména.

---

1. L'expression *be kam ?* (avec combien ?), toujours placée en fin de proposition, sert à interroger sur le prix.

Fî l-lêl al marfa'în daxal dammin lê l-laday.
La nuit, l'hyène est entrée jusque dans la cuisine.

9. *dâxal, dâxal fî, lubb* « à l'intérieur de »

Humman gâ'idîn dâxal fî l bêt.
Ils sont à l'intérieur de la maison.

Mâla inta tunûm dâxal fî l watîr ?
Pourquoi dors-tu à l'intérieur du véhicule ?

Hû gâ'id fî lubb al bîr.
Il est à l'intérieur du puits.

10. *fî^2* « dans, à, sur, au sujet de »

Kitâbi fî sakôcak.
Mon livre est dans ton sac.

Kitâbak fî l-terbêza.
Ton livre est sur la table.

Tuxutt al barrâd fî l-nâr.
Tu poses la théière sur le feu.

Anâ mâci fî l-sûg.
Je vais au marché.

Amis fî l-lêl al-sarrâgîn daxalo fî bêti.
La nuit dernière, les voleurs sont entrés chez moi.

Al wazîr kallam fî l-siyâsa bên Tcâd wa Fransa.
Le ministre a parlé de la politique entre le Tchad et la France.

Hû baka fî môt abuh.
Il a pleuré à la mort de son père.

Yaxadim fî buna l watan.
Il travaille à la reconstruction de la patrie.

Yifattic fî l-suluh bên al axawân.
Il cherche à réconcilier les frères.

---

2. *fî*, accompagné éventuellement d'un pronom affixe, a fourni à l'arabe tchadien son prédicat d'existence. Voir le statut spécial de *fî*, p. 201.

11. *fôg* « au-dessus de, sur, en haut »

> *Al wilêd tala' fôg al bêt.*
> L'enfant est monté sur la maison.
>
> *Cîf al binêye fôg, fi l-caraday dîk !*
> Regarde la fille là-haut, sur cet arbre !
>
> *Indah gurus fôgi.*
> Je lui dois de l'argent. (Litt. : « Il a de l'argent sur moi. »)
>
> *Indi gurus fôg Âdum.*
> Adoum me doit de l'argent.
>
> *Dênak kam fôgi yâ râjil zên ?*
> Je vous dois combien, Monsieur ?

12. *gabul* « avant »

> *Maryam macat gabuli fi l-lekkôl.*
> Mariam est partie avant moi à l'école.
>
> *Talga l-tahûna gabul bêti.*
> Tu trouveras le moulin en avant de ma maison.
>
> *Mâ tisammi l êc gabul abûk !*
> Ne commence pas à manger la boule avant ton père !

13. *gadur*[3] exprime l'équivalence du point de vue de la taille, de l'âge, de la contenance, de la capacité, etc.

> *Wilêdi gadur wilêdak.*
> Mon enfant a la taille (ou l'âge) de ton enfant.
>
> *Nacarab almi gadur batuni.*
> Je bois de l'eau autant que mon ventre peut en contenir.
>
> *Antîni fûl gadur gursi !*
> Donne-moi des arachides pour mon argent !

14. *giddâm* « devant », antonyme : *wara*

> *Al miskîn gâ'id giddâm bâb bêtna.*
> Le pauvre est devant la porte de notre maison.

---

3. *gadur* vient de la même racine que le verbe *gidir / yagdar* « pouvoir ».

Hû farac al biric giddâm bêtah.
Il a étalé la natte devant sa maison.

Faddal, giddâm !
Avance, je t'en prie !

15. *gubbâl* « avant »

Maryam macat gubbâli fî l-lekkôl.
Mariam est partie avant moi à l'école.

Bêti gubbâl al kanîsa fî derib Cagwa.
Ma maison est avant l'église sur la route de Chagoua.

16. *hanâ, (hint)* « de »

Cette préposition est une création de l'arabe tchadien. Elle sert à construire le complément de nom, et entre concurrence avec le complément déterminatif. Voir le complément du nom, p. 183.

Bêt hanâ Mûsa kabîr.
La maison de Moussa est grande. (Litt : « La maison, *chose de* Moussa, est grande. »)

Après un nom féminin, *hanâ* peut se transformer en *hint* (contraction de *han(a)t)*. Certains locuteurs dont l'arabe est la langue maternelle diront par exemple : *bagaray hint Mûsa* « la vache de Moussa »[4]. Mais de plus en plus *hint* et *hiney* que l'on trouve parfois après un mot pluriel, sont remplacés par *hanâ*.

Cette préposition exprime des rapports très divers :

• l'appartenance

Al kalib da hanâku wallâ ?
Est-ce que c'est votre chien ?

Al busât da hanâ yâtu ?
A qui est ce tapis ?

Al busât da hanâ Mûsa.
C'est le tapis de Moussa.

---

4. Nous rappelons que le « *t* » de *hint* ne sera réalisé que s'il est suivi d'un mot commençant par une voyelle, cf. p. 22.

- la matière

Al busât da hanâ cunû ?
En quoi est ce tapis ?

Al busât da hanâ sûf.
Ce tapis est en laine.

Zâra darabat mulâh hanâ jidâd.
Zara a préparé une sauce de poulet.

- le contenu

Cuwâl hanâ faham be mîtên.
Le sac de charbon coûte mille francs[5].

Kôro hanâ xalla be miya[6].
Le koro de mil coûte cinq cents francs[7].

Antâni lîtir hanâ dihin.
Il m'a donné un litre d'huile.

- la destination ou l'usage

Al haddâdi sawwa jarrâye hint hirâte.
Le forgeron a fabriqué une houe pour la culture.

Aciri lêi cakôc hanâ l-lekkôl !
Achète-moi un cartable !

Da gurus hanâ l-dawa wallâ ?
Est-ce l'argent pour acheter les médicaments ?

On notera les tours idiomatiques suivants :

Wilêdki akal katîr, tantîh êc hanâ cunû battân ?
Ton enfant a déjà bien mangé, pourquoi lui donner encore de la boule ?

Katkati kulla tamâm, wa battân nanti gurus lê l bôlis hanâ cunû ?
Tous mes papiers sont en règle, pourquoi donnerais-je en plus de l'argent à la police ?

---

5. Litt. : « deux cents riyals ».
6. On entend aussi : *Kôro hint xalla be miya.*
7. Litt. : « cent riyals ».

17. *hatta* « jusqu'à », « et même » ; cf. *damma*.
Cette préposition marque qu'une limite a été franchie.

Akal al-jidâde kullaha ke, hatta l udâm !
Il a mangé la poule tout entière, jusqu'aux os !

Al-sarrâg sirig xumâmi hatta l barrâd.
Le voleur a volé mes affaires, et même la théière.

18. *illa* « sauf, excepté »

Nâkul kulla l akil, illa l hût bas.
Je mange de tout sauf du poisson.

Al-sâ'a xamsa, illa acara dagîga.
Il est cinq heures moins dix. (Litt. : « excepté dix minutes. »)

Al-nâs kulluhum jo, illa rafîgi.
Tous sont venus sauf mon ami.

19. *ind* au sens de « chez, auprès » est une préposition que l'on ne rencontre qu'avec les pronoms personnels suffixés et qui sert à exprimer la possession. (Voir le pronom personnel suffixé avec « ind », p. 87.)

20. *janb*[8] « à côté de »

Bêti gâ'id janb bêtak.
Ma maison est à côté de la sienne.

Mâ tagôd janbi !
Ne reste pas à côté de moi !

Al-jâmiye janb al-sûg.
La mosquée est à côté du marché.

21. *lê* « à, pour »

Al kitâb da lê yâtu ?
A qui est destiné ce livre ?

Zâra macat lê l-sûg.
Zara est allée au marché.

---

8. Le « n » de *janb* est réalisé « m », et l'on entend *jamb*. Mais la racine de cette préposition est bien **jnb* que l'on retrouve dans le mot *ajnabi* (étranger, celui qui est à côté).

Waddi l kitâb da lê Mahammat !
Apporte ce livre à Mahamat !

Amci lê l haddâdi yitarrig lêk sakkînak !
Va chez le forgeron, il t'aiguisera ton couteau !

Dans la construction emphatique du complément d'objet direct, *lê* n'est plus qu'un simple outil grammatical. Voir : Syntaxe, p. 212.

22. *ma'â* « avec ; et » (marque l'accompagnement)

Macêt ma'â xâli fi Sâr.
Je suis parti avec mon oncle à Sarh.

Akal êc ma'â rufugânah.
Il a mangé la boule avec ses amis.

Mâ tamci ma'âna.
Tu n'iras pas avec nous.

Ali ma'â Âdum maco fi l-sûg.
Ali et Adoum sont partis au marché.

Zênaba ma'â Maryam rafâgât.
Zénaba et Mariam sont des amies.

23. *min* « à partir de, de »

Cette préposition marque le point de départ (dans l'espace ou dans le temps), l'éloignement, la provenance, etc. Elle sert aussi à former le complément des adjectifs employés avec la valeur de comparatif ou de superlatif.
Lorsque *min* est suffixé par un pronom, le « n » est redoublé : *minni* « de moi », *minnak* « de toi » (masc.), *minniki* « de toi » (fém.), *minnah* « de lui », etc. (Voir le pronom personnel suffixé après CC-, p. 86.)

Mâ tacarab min almi da !
Ne bois pas de cette eau !

Hû sa'al minnak.
Il a demandé de tes nouvelles.

Hû kabîr min axuh.
Il est plus grand que son frère.

Âdum marag min al bêt.
Adoum est sorti de la maison.

Zênaba samhe min Maryam.
Zénaba est plus belle que Mariam.

Hû mardân min ramadân ja ke.
Il est malade depuis que le ramadan a commencé.

Carêt markûb min al kurdunye.
J'ai acheté des sandales chez le cordonnier.

Labbid gursak min al-sarrâgîn !
Cache ton argent à l'abri des voleurs !

Zâra rabatat mindîl fî râsha min al ajâj.
Zara a attaché un foulard sur sa tête contre la poussière.

Min al iyâl dôl kulluhum ke, hû bas adîl.
De tous ces enfants, c'est lui le meilleur.

24. *misil* « comme »

Axûki misil axui.
Ton frère est comme le mien.

Carêti na'âl misil hanâi.
Tu as acheté des sandales comme les miennes.

Al wilêd da indah gudra misil abuh.
Cet enfant est aussi fort que son père.

Misil sert aussi à marquer l'atténuation, l'approximation, en particulier devant un nom de nombre ou un terme indiquant un moment de la journée.

Wilêdi indah misil acara sana.
Mon enfant a environ une dizaine d'années.

Al kitâb da bîtah misil be icirîn riyâl.
Ce livre, je l'ai acheté environ vingt riyals.

Mahammat ja fî bêti misil gayle ke.
Mahamat est venu chez moi vers midi.

25. *namma,* voir *damma*

26. *tihit* « sous »

Al kalib tihit al-tarbêza.
Le chien est sous la table.

Al bêt tihit al cadaray.
La maison est sous l'arbre.

27. *wara* « derrière »

Lekkôl Kabalay gâ'id wara l kanîsa.
L'école de Kabalaye est derrière l'église.

Note :

be wara (litt. : « par derrière ») après un verbe de mouvement, et suivi d'un pronom affixe signifie : « à reculons ».

Rûx be warâk !
Marche à reculons !

Ta'âl be warâk !
Recule !

Maca (yamci) wara nâdum, ja (yaji) wara nâdum (litt. : « aller derrière qqn »), signifie « rejoindre qqn », « accompagner qqn ».

Ana mâci wara abui fi xidimtah.
J'accompagne mon père à son travail.

Amci âfe, sallimhum lê nâs al-dâr, anîna kulla jâyîn warâk !
Pars en paix ! Salue tous ceux du pays, nous t'accompagnons !

B. Les adverbes

Les adverbes se distinguent des autres éléments invariables par leur fonction et leur autonomie dans la phrase verbale et nominale. Ils peuvent modifier un nom, un adjectif, un verbe, un autre adverbe ou une phrase.

Âdum indah gurus katîr, lâkin xallitah ciya, mâla ?
Adoum a beaucoup d'argent mais peu de mil, pourquoi ?

Al-jâmiye malâne tak ke nâs yôm al-jum'a.
La mosquée est archipleine le vendredi.

Al binêye di tajiri ajala wa axûha yamci bicêc.
Cette fille court vite et son frère marche lentement.

Akul ciya katîr... Da ciya bilhên.
Mange un peu plus... Ceci est trop peu.

Hû akal jidâd kam ?
Combien de poules a-t-il mangées ?

L'adverbe peut être le sujet ou le prédicat d'une phrase nominale.

Ambâkir, yôm al îd.
Demain, c'est le jour de la fête.

Al-tâhûna wên ? Al-tâhûna giddâm !
Où est le moulin ? Il est plus loin, par devant !

L'adverbe n'a pas de place fixe dans la phrase verbale.

I. Liste des principaux adverbes

1. Principaux adverbes de lieu (voir p. 107)

   1. ba'îd   4. fôg   7. hinâk   10. wara
   2. barra   5. garîb   8. hini
   3. dâxal   6. giddâm   9. tihit

2. Principaux adverbes de temps (voir p. 110)

   1. ambâkir   5. awaltamis 9. hassâ   13. tcabba
   2. ambukra   6. ba'adên   10. hiya   14. towa
   3. amis   7. bukra   11. kulla yôm 15. zamân
   4. awwal   8. gibêl   12. tawwâli

3. *Principaux adverbes de manière* (voir p. 113)

1. *ajala*	5. *battân*	9. *ciya*	13. *sawa*
2. *akîd*	6. *bicêc*	10. *kamân*	14. *tak ke*
3. *akûn*	7. *bilhên*	11. *katîr*	15. *tuk ke*
4. *bas*	8. *cik*	12. *lissâ*	

4. *Principaux adverbes interrogatifs* (voir p. 118)

1. *cunû*	2. *wên*	3. *mâla*	4. *kikkêf*
5. *kam*	6. *mata*		

II. Liste des exemples

1. Les adverbes de lieu

1. *ba'îd* « loin »

Hû maca ba'îd, wallay !
Il est vraiment allé très loin !

Suivi de la préposition « *min* », il signifie « loin de ».

Bêti ba'îd min al-câri l kabîr.
Ma maison est loin de la grande rue.

Anîna ga'adna ba'îd min al watîr.
Nous sommes restés loin de la voiture.

2. *barra* « dehors, à l'extérieur »

Al kalib gâ'id barra fi l-câri.
Le chien est dehors, dans la rue.

Mâ tunûm barra, al wata tabga bârde tcabba.
Ne dors pas dehors, le temps va se refroidir bientôt.

Yâtu marag barra min fajur ?
Qui est sorti dehors depuis ce matin ?

3. *dâxal* « dedans, à l'intérieur »

Al awîn mâ bidôru yagôdu dâxal.
Les femmes n'aiment pas rester à l'intérieur.

Al iyâl gâ'idîn dâxal, bal'abo.
Les enfants sont à l'intérieur, ils jouent.

Mâla karast dâxal misil al-lîsân ?
Pourquoi restes-tu à l'intérieur (caché) comme la langue (dans la bouche) ?

4. *fôg* « sur, en haut, par-dessus »

Cîf hinâk, fôg !
Regarde là-bas, en haut !

Hû rikib fôg fî l-cadaray.
Il est monté tout en haut de l'arbre.

Al-jidâde tala'at fôg fî râs al bêt.
La poule est montée par-dessus le toit.

5. *garîb* « près, auprès »

Bêti garîb lê l-sûg.
Ma maison est près du marché.

Cahar ramadân garîb.
Le mois de ramadan est proche.

Mâ tamci garîb janb al humâr da !
Ne t'approche pas de cet âne !

6. *giddâm* « devant, en avant »

Hû, bêtah giddâm.
Lui, sa maison est devant.

Fî l-jâmiye, al-nâs al kubâr giddâm.
A la mosquée, les gens importants sont devant.

Anâ hini, ta'âl giddâm !
Je suis ici, viens devant !

LES PARTICULES

7. *hinâk* « là-bas, au loin »

Hinâk, al-rujâl bagru.
Là-bas, les hommes étudient.

Al almi sabba katîr hinâk, giddâm al wâdi.
Il a beaucoup plu là-bas, en deçà de l'oued.

Hû maca, ligah lê juwâdah hinâk, janb al-rahad.
Il est parti et il a trouvé son cheval là-bas, à côté du marigot.

8. *hini* « ici »

Hini, bêt al awîn al mardânîn.
Ici c'est la maison des femmes malades.

Anâ, min naxadim hini, indi santên.
Voici deux ans que je travaille ici.

Hû wâ'adâni hini, fî bêtak.
Il m'a donné rendez-vous ici, chez toi.

9. *tihit* « dessous, en dessous, sous, en bas »

Xattêt al gurus fôg al-tarbêza, wa ligîtah tihit, yâtu ramah ?
J'ai posé l'argent sur la table et je l'ai trouvé dessous, qui l'a fait tomber ?

Al arda katîre, mâ tixalli xalagak tihit fî l-turâb !
Il y a beaucoup de termites, ne laisse pas ton vêtement par terre !

Cîf tihit talga gurus !
Regarde en bas, tu trouveras de l'argent !

Wilêdi, agôd tihit fî l biric !
Mon enfant, assieds-toi sur la natte !

10. *wara* « derrière, en arrière »

Axwâni gâ'idîn fî l-saff, wâhid giddâm, wâhid wara.
Mes frères sont sur la rangée, l'un est devant, l'autre est derrière.

Mâ tamci ticîf al watâyir, gabbil wara !
Ne va pas regarder les voitures, reviens !

Al gâ'id wara, wald al mara !
Celui qui reste en arrière est "fils de femme"[9] !

Kan mâci fî l-câri, mâ ticîf be wara.
Quand tu marches dans la rue, ne regarde pas derrière.

2. *Les adverbes de temps*

1. *ambâkir* « demain »

Ambâkir naktulu l xanamay.
Demain nous tuons le mouton.

Yâtu mâci ma'âi ambâkir fî l-zere' ?
Qui part avec moi demain au champ ?

Gâl lêi bamci lêk ambâkir.
Il m'a dit qu'il viendrait te voir demain.

2. *ambukra*, voir : *bukra*

3. *amis* « hier »

Mâla amîs mâ macêtu fî l-tâhûna ?
Pourquoi n'êtes-vous pas allées hier au moulin ?

Amis anâ mâ ligît xada.
Hier je n'ai pas trouvé de quoi déjeuner.

Amis, al-jarâd mâ xallâni nunûm barra.
Hier, les sauterelles ne m'ont pas laissé dormir dehors.

4. *awwal* « avant, auparavant, au début »

Awwal, al banât mâ bamurgu fî l-câri.
Avant, les filles ne sortaient pas dans la rue.

Min awwal kê... mâla mâ kallamtîni ?
Pourquoi ne m'as tu pas parlé dès le début ?

---

9. I.e. : il a reçu une éducation de fille. Formule utilisée par les enfants qui se disputent la première place.

Al bêt da, awwal, dukkân hanâ abui.
Cette pièce était auparavant la boutique de mon père.

5. *awaltamis* « avant-hier »

Hû ja lêna awaltamis.
Il est venu nous voir avant-hier.

Al mardân da, min awaltamis mâ cirib ceyy.
Ce malade n'a rien bu depuis avant-hier.

Sidt al xadâr itwaffat awaltamis.
La marchande de légumes est morte avant-hier.

6. *ba'adên* « après, ensuite »

Amci wa ba'adên ta'âli lêi !
Pars, et ensuite tu viendras me voir !

Anîna ba'adên namcu lêku.
Après, nous irons chez vous.

Mâ tansa ba'adên indi usum fî l bêt !
N'oublie pas qu'ensuite je fête à la maison un « baptême » !

7. *bukra* « après-demain »

Al yôm safar mâ fih, ille bukra !
Aujourd'hui, pas de voyage, après-demain seulement !

Yâtu gâl lêk bukra l îd ?
Qui t'a dit qu'après-demain ce sera la fête ?

Anîna bukra namcu l-zere'.
Après-demain nous irons au champ.

8. *gibêl* « auparavant, d'abord »

Gibêl, fajur, anâ ciribt câhi.
Auparavant, à l'aube, j'ai bu du thé.

Anâ gibêl macêt fî l bêt wa mâ ligitak.
Je suis d'abord passé à la maison et je ne t'ai pas trouvé.

Gibêl, anâ macêt fî l-sûg wa carêt laham.
Auparavant, je suis allé au marché et j'ai acheté de la viande.

9. *hassâ* « maintenant, à l'instant »

Nadxulu hassâ bas lê l-daktôr.
C'est maintenant que nous entrons chez le docteur.

Yâtu baka hassâ ?
Qui a pleuré à l'instant ?

Iyâl hanâ hassâ, kalâmhum katîr.
Les enfants de maintenant parlent beaucoup.

10. *hiya* « à présent, alors, et puis »

Hiya, xallêtah lêk lê l gurus.
Voilà, je t'ai remis (litt. : « laissé ») l'argent.

Hiya barrid, namcu ma'â abûna !
Lave-toi à présent, que nous partions avec notre père !

Hiya acânak inta, kan mâ ke tikaffi alfên.
C'est bien parce que c'est toi, sinon tu payerais dix mille francs[10].

11. *kulla yôm* « tous les jours, chaque jour, toujours »

Kulla yôm nisalli ma'â l-rujâl.
Tous les jours je prie avec les hommes.

Anâ mâci kulla yôm wara abui fi xidimtah.
Tous les jours j'accompagne mon père à son travail.

Kan mâ tibarrid kulla yôm tabga mardân.
Si tu ne te laves pas chaque jour tu tomberas malade.

12. *tawwâli* « aussitôt, tout de suite, tout juste »

Nisalli wa tawwâli nijîb lêk laban.
Je prie et aussitôt je t'apporte du lait.

Wilêdi maca wa tawwâli ja hini.
Mon enfant est parti et vient tout juste de rentrer ici.

Amci gûl lêyah tawwâli naji.
Pars lui dire que je viens tout de suite.

---

10. Litt. : « deux mille riyals ».

13. *tcabba* « peu après, bientôt »

Tcabba namci l-sûg.
Bientôt je vais partir au marché.

Akal laham katîr wa tcabba ke nâm.
Il a mangé beaucoup de viande et peu après il s'est endormi.

Tcabba, kan harray baradat, nal'abo bâl.
Dans un moment, quand il fera moins chaud, nous irons jouer au foot.

14. *towa* « alors, et voilà que »

Al-difân jo, towa naciri sukkar lê l-câhi.
Les invités sont arrivés, je pars alors acheter du sucre pour le thé.

Anâ towa namci nibarrid.
Et bien voilà, je vais me laver.

Min ligît gursak towa mâ tisawwi kalâm !
Tu as trouvé ton argent, alors, ne fais pas de problème !

15. *zamân* « il y a longtemps, autrefois »

Anâ zamân sakant hini.
Il y a longtemps, j'ai habité ici.

Hû, zamân, maca Makka.
Lui, autrefois, il est allé à La Mecque.

Note : *hanâ zamân* « du temps jadis, d'autrefois »

Iyâl hanâ zamân induhum adab sameh.
Les enfants d'autrefois avaient une bonne éducation.

Fî hije hanâ zamân al ba'acôm yitcâtci l marfa'în.
Dans les contes d'autrefois le chacal trompe l'hyène.

3. Les adverbes de manière

1. *ajala* « vite, rapidement » ; *ajala ajala* « très vite, très rapidement »

Akul ajala, namcu !
Mange vite, on s'en va !

Kan mâ talbas xulgânak ajala, namci.
Si tu ne te dépêches pas de mettre tes vêtements, je m'en vais.

Al-sahâb câl, rûx ajala, namcu l bêt.
Le ciel se couvre, marche vite, nous rentrons à la maison.

2. *akîd* « certainement, sûrement »

Anâ ambâkir, akîd namci fi l xidime.
Demain, certainement, j'irai travailler.

Al-jidâde di, akîd mardâne.
Cette poule est certainement malade.

Akîd, yidissu « bi » hassâ.
C'est sûr qu'à présent, ils vont mettre un but.

3. *akûn* « peut-être »

Mâla martak tibazzix katîr ke, akûn coxolha xalaba ?
Pourquoi ta femme crache-t-elle sans cesse, elle est peut-être enceinte ?

Mâ ciftah, akûn hû maca fi l-lekkôl.
Je ne l'ai pas vu, il se peut qu'il soit parti à l'école.

Akûn al-sarrâg natta be hini.
Le voleur a peut-être sauté par ici.

Note : *danni* et *jâyiz* signifient aussi « peut-être », mais ils sont moins utilisés que *akûn*. *Danni* insisterait davantage sur le doute :

Danni hû baji.
Il se peut qu'il vienne, c'est peu probable.

Akûn hû baji.
Il va peut être venir, c'est probable.

LES PARTICULES

4. *bas* « seulement, simplement », souvent traduit par « ne ... que »

Anîna fatarna be câhi bas.
Nous n'avons pris que du thé au petit déjeuner.

Intu bas mustaxbal hanâ l-balad.
Vous êtes, vous seulement, l'avenir du pays.

Indi mara wahade bas.
Je n'ai qu'une seule femme.

5. *battân* « de nouveau, encore », marque la répétition.

Duggah battân !
Frappe-le encore !

Battân, mâ tamci l-sûg wihêdak !
Ne repars pas tout seul au marché !

Battân mâ naji lêk fî bêtak.
Je ne reviendrai plus chez toi.

6. *bicêc* « lentement, doucement » ; *bicêc bicêc* « tout doucement »

Mâla turûx bicêc misil sultân ?
Pourquoi marches-tu doucement comme un sultan ?

Acrab bicêc bicêc, al madîde di hâmiye.
Bois tout doucement, cette bouillie est chaude.

Hey, daktôr, bicêc bicêc, al ibre hârre !
Eh ! docteur, allez tout doucement, la piqûre fait mal.

7. *bilhên* « très »

Hû sameh bilhên.
Il est très bien.

Al xidime di gâsiye bilhên.
Ce travail est très dur.

Al-râdyo da sameh wa xâli bilhên.
Ce poste de radio est très joli et coûte très cher.

8. *cik* « différent, autre »

Hû da adabah cik min hanâ axawânah.
Celui-ci a une éducation différente de celle de ses frères.

Xalagi cik min hanâk.
Mon vêtement est différent du tien.

Al-nasrâni da jâyi min bakân cik, mâ min hini.
Cet Européen vient d'ailleurs, il n'est pas d'ici.

cik cik « complètement différent, qui n'a rien à voir avec »

Bêti wa bêtak cik cik.
Ma maison et la tienne sont complètement différentes.

Mâla ga'adtu cik cik ?
Pourquoi êtes-vous restés à l'écart les uns des autres ?

Al mulâhât dôl cik cik, mâ tixalbithum !
Ces sauces sont complètement différentes, ne les mélangez pas !

9. *ciya* « peu » ; *ciyya* « très peu »

Indi gurus ciya.
J'ai peu d'argent.

Zîdi almi ciya, ciyya ke bas.
Ajoute un peu d'eau, juste un tout petit peu.

Mileh ciya ciya bas sameh fi l mulâh.
Un tout petit peu de sel seulement est bon dans la sauce.

ciyya katîr « un peu trop, excessif » ; *ciyya bilhên* « trop peu, insuffisant »

Hû akal ciyya katîr.
Il a mangé un peu trop.

Al gurus da ciyya bilhên.
Cette somme est insuffisante.

10. *kamân* « alors, encore, en plus ».

Kan mâ tantîni êc, kamân xallini namci.
Si tu ne me donnes pas la « boule », alors laisse-moi partir.

Taracoh, wa wakit kallam kamân humman daggoh.
Ils l'ont renversé, et quand il a parlé ils l'ont frappé en plus.

11. *katîr* « beaucoup »

Al xanamay di indaha sûf katîr.
Ce mouton a une toison épaisse. (Litt. : « a beaucoup de laine ».)

Hû kallam katîr.
Il a beaucoup parlé.

Al akil al katîr mâ sameh.
Il n'est pas bon de manger beaucoup. (Litt. : « Beaucoup de nourriture (ce) n'est pas bon. »)

12. *lissâ* « toujours, encore »

Cet adverbe marque la persistance d'une action ou d'un état, la durée ; il ne doit pas être confondu avec *battân,* voir plus haut p. 111.

Hû lissâ mardân.
Il est encore malade.

Hû lissâ mâ marag min bêtah.
Il n'est pas encore sorti de chez lui.

Maryam macat fi l-sûg ? — Lâ, lissâ.
Mariam est-elle allée au marché ? — Non, pas encore.

13. *sawa* « ensemble », dans une phrase verbale, cf. p. 215 ; « semblable, pareil, le même », dans une phrase nominale, cf. p. 197.

Macêna sawa fi l-sûg.
Nous sommes allés ensemble au marché.

Marti wa martak sawwo lêna êc sawa.
Ma femme et ta femme nous ont préparé ensemble la boule.

Al-tayyib wa l mâ mardân sawa.
Bien se porter et ne pas être malade, c'est la même chose.

Marti wa martak, êchum sawa.
Ma femme et ta femme, elles font la même boule.

14. *tak ke*, « complètement, pour de bon, bien, absolument, jamais », après un nom

15. *tuk ke*, « complètement, pour de bon, bien, absolument, jamais », après un pronom

Al-jâmiye malâne tak ke nâs yôm al-jum'a.
La mosquée est archipleine le vendredi.

Anâ saddêt al bâb tak ke, mâ xallêt nâs daxalo.
J'ai bien fermé la porte et n'ai laissé personne entrer.

Al-râjil da daxal, lâkin anâ tuk ke mâ ciftah.
Cet homme est entré, mais je ne l'ai absolument jamais vu.

Yôm wâhid tak kulla mâ macêt fî bêtak.
Je n'ai jamais été chez toi, pas même un seul jour.

Inta kula tuk ke mâ jit lêi.
Toi tu n'es jamais venu chez moi.

4. Les adverbes interrogatifs

Il existe des adverbes interrogatifs :

– de lieu : *wên ?* « où ? »
Bêtak wên ? « Où est ta maison ? »
– de cause : *mâla ?* « pourquoi ? »
Mâla tabki ? « Pourquoi pleures-tu ? »
– de manière : *kikkêf ?* « comment ? »
Al mardân kikkêf ? « Comment va le malade ? »
– de quantité : *kam ?* « combien ? »
Awînak kam ? « Tu as combien de femmes ? »
– de temps : *mata ?* « quand ? »
Jît mata ? « Quand es-tu venu ? »

Il existe aussi un adverbe faisant porter l'interrogation sur les choses : *cunû ?* « quoi ? »
Da cunû ? « Qu'est-ce que c'est ? »

- Pour l'utilisation de ces adverbes, nous renvoyons au chapitre sur l'interrogation, voir p. 225.

C. D'autres adverbes ou particules

1. *jay jay, jayi jayi* « d'un côté et de l'autre, çà et là, en tous sens »

Rafîgi marag fî l-câri, wa laffatt jay jay kula mâ cîftah.
Mon ami est sorti dans la rue, j'ai regardé en tous sens, mais je ne l'ai pas vu.
Sannidi l wilêd be wassâdat jayi jayi acân mâ yidardig yaga'.
Cale l'enfant avec des coussins de tous côtés afin qu'il ne roule pas et qu'il ne tombe pas.

2. *ke* ou *kê* « comme cela, ainsi »

Cette particule est très employée. Avec d'autres adverbes, elle forme bon nombre de locutions adverbiales (voir p. 120). On la trouvera aussi très souvent après les verbes.
Après le verbe *gâl / yugûl* « dire », *ke* est l'équivalent du signe de ponctuation (:) annonçant la parole que l'on rapporte au style direct.

Gâl ke « Anâ mardân, ta'âlu lêi. »
Il a dit : « Je suis malade, venez me voir. »

Ke peut aussi désigner une direction, et s'accompagne d'un geste de la main.

Anâ mâci ke !	Je m'en vais par là !
Fât ke !	Il est parti dans cette direction !

Kê peut enfin prolonger ou intensifier l'action du verbe.

Bicamcim kê.	Il sent partout, encore et encore.
Bihawwig kê.	Il ne fait que tourner en rond.
Yadurbuh kê.	Ils le battent longtemps et avec force.

3. *kula* « aussi », *kan ... kula* « même si »

Il ne faut pas confondre ce mot avec *kulla* signifiant « tous », cf. p. 93.

Âdum ya'arif yusûg wa anâ kula.
Adoum sait conduire et moi aussi.

Axti kula binêyit lekkôl.
Ma sœur aussi est une écolière.

Kan gâsi lêi kula, nisawwih.
Même si cela m'est difficile, je le ferai.

4. *Wata* permet l'expression de la sensation de l'environnement et se traduit par « il fait ... » dans les expressions suivantes :

Wata hâmi.   Il fait chaud.
Wata bârid.   Il fait froid.

D. Locutions adverbiales

Les locutions adverbiales avec *ke* sont nombreuses. Parmi les plus fréquentes nous relevons :

kulla ke	tout entier, complètement, entièrement
tcabba ke	peu de temps après, peu après cela, ensuite
katîr ke	sans cesse, en très grand nombre, beaucoup et souvent
ciya ke	très peu, un peu, juste un peu, pas souvent
awwal ke	bien avant, auparavant, tout au début
misil ke	comme cela, ainsi.

Hû akal al-jidâde kullaha ke.
Il a mangé la poule toute entière.

Tacrab ruwâba wa tcabba ke tunûm.
Tu bois du babeurre et peu après tu t'endors.

Mâla martak tibazzix katîr ke, akûn coxolaha xalaba ?
Pourquoi ta femme crache-t-elle si souvent, elle est peut-être enceinte ?
(Litt. : « Peut-être sa chose est la grossesse. »)

Wilêdki babki ciya ke, acân hû âfe.
Ton enfant pleure peu parce qu'il est en bonne santé.

Awwal ke, al banât mâ bamurgu fî l-câri.
Auparavant, les filles ne sortaient pas dans la rue.

Hû mâ anta gurus lê martah, wa fât misil ke !
Il n'a pas donné d'argent à sa femme, et il est parti comme ça !

L'usage fera rencontrer bien d'autres locutions que l'on ne peut souvent traduire que par le contexte.

acân cunû ?	pourquoi ?, pour quelle raison ?
ba'ad da	après cela, ensuite
ba'îd min	loin de
be kam ?	combien ? en parlant d'un prix
be da	c'est ainsi que, avec cela, c'est pourquoi
da bas	seulement
fî lubb	à l'intérieur
fôg fî	par-dessus, tout en haut sur
hiya xalâs	c'est fini !
ke bas	c'est tout
min xâdi	dorénavant, désormais
misil da	comme cela, pour cela, ainsi
xâdi min	loin de, très loin de
ya hassâ	jusqu'à maintenant, jusque-là
ya tawa	or, tandis que, alors que.

E. Exclamations et interjections

adal adal !	merci, c'est parfait, c'est beau et bon !
ajab !	étonnant !
al hamdu lillah !	Dieu soit loué !
Allah !	c'est vrai ! Par Dieu !
Allah alêk !	(litt. : « que Dieu vienne à ton aide »), formule de sympathie pour se rapprocher du discours d'un autre : bon, écoute, tu vois, regarde !
Allah yaftah !	litt. : « que Dieu ouvre (devant toi le chemin) » ; manière polie de renvoyer un mendiant
baj !	incroyable ! invraisemblable !

co'!	(interjection pour faire baraker le chameau) ;
darr!	hue ! (pour faire avancer les bœufs) ;
êb al-cûm!	vraiment quelle honte ! (litt. : « honte sinistre »)
hâ!	ah !, ah bon !
ha'â!	non !
hâ sameh!	oui, bien !
haj!	pas possible ! formidable !
haj baj!	sensationnel ! extraordinaire ! (exclamation des auditeurs à l'invitation d'un conteur désirant commencer son histoire)
hak!	va-t'en ! partez ! (pour chasser ou éloigner les vaches)
hamm!	partez ! (pour chasser les pigeons)
hây!	ouf ! (après un effort ou après avoir bien mangé)
hâw!, icc hâw!	ho ! (pour arrêter un âne)
hê, hêy!	hé, ho !
hêy tara!	tu vas voir ! sapristi !
hurr!	hue ! (pour faire avancer un âne)
hiya!, hya!	et puis voilà ! alors
icc	(voir : *karr* et *hâw*)
in câ' Allah!	s'il plaît à Dieu !
istâfar Allah!	que Dieu pardonne ! à Dieu ne plaise !
karr! icc karr!	partez ! (pour chasser les poules)
mâ câ' Allah!	Dieu merci ! (litt. : « ce que Dieu veut ! ») c'est bien !
murr lêi!	misère ! pénible ! (litt : « amer pour moi ! »)
tcâ!	bah ! pouah ! (expression de dégoût)
tamâm!	parfait, très bien !
tufa!, tfa!	cela ne me concerne pas ! (idéophone du crachat dans la formule qui conclut un conte)
uff!	aïe ! c'est chaud ! (après une sensation de brûlure)
wallah(i), wallay!	par Dieu ! c'est vrai !
xalâs!	terminé ! ça suffit ! après cela, enfin... ! Bien souvent *xalâs* ne se traduit pas lorsqu'il marque une pause dans un récit.
yâ!	ô ! ho !
yâ salâm!	ça alors ! vraiment ! oh !
yalla!	allez ! ouste !
yô sameh!	oui ! d'accord ! bien ! bon ! entendu !

F. Onomatopées et idéophones

On les rencontre souvent dans les contes ou dans les récits d'aventures. Ils accompagnent généralement un verbe ou un geste et leur traduction ne rend hélas pas ce qu'elles suggèrent du mouvement de l'action.

Waga' bub !	Il est tombé, pouf !
Gamma burdulub !	Il s'est levé d'un bond.
Karrah burr, karrah buyy !	Il l'a tiré tout du long.
Xatafah but !	Il l'a emporté d'un seul coup.
Catto firr !	Ils se sont éparpillés d'un seul coup.
Karabah kab !	Il l'a saisi, *kab* !
Maca kabat kabat !	Il martelait le sol avec ses sabots (en parlant d'un âne).
Maca kaf kaf !	Il martelait le sol avec ses sabots (en parlant d'un cheval).
Addâni kany !	Il m'a mordu, *kagn* !
Yâbis kar !	Complètement vide, complètement sec.
Akalah karat !	Il l'a mangé tout entier.
Yâbis kayam !	Complètement sec.
Lammo krib !	Ils se sont rassemblés l'un face à l'autre.
Waga' kungurung !	Il s'est effondré, badaboum !
Anballa manyax !	Il est trempé complètement, il est détrempé.
Akalah nyam nyam !	Il l'a mangé d'un seul coup.
Fasa rut !	Il a pété, *prout* !
Jara sur !	Il a couru d'un trait.
Masaktah tab !	Je l'ai attrapé, *tab* !
Gata' tak !	Il a coupé net et d'un seul coup.
Malyân takke !	Plein à ras bord.
Ambalas tcalak !	Il a glissé des mains, pft !
Zaratah tcut !	Il l'a avalé tout rond, *tchout* !
Ta'anah trus !	Il l'a piqué, *trouss* !
Natta turul !	Il a bondi, hop !
Al burrâga sawwat wilij !	L'éclair a déchiré le ciel.

G. Quelques cris d'animaux

Al kalib banbah « *waw* ». Le chien aboie : « oua-oua ! ».
Al biss babki « *nyâw* ». Le chat miaule[11] : « miaou ! ».
Al-tôr bikirr « *ambûwa* ». Le taureau meugle : « meuh ! ».
Al-dîk bi'ô'i « *u'û'u* ». Le coq chante : « cocorico ! ».
Al xanamay tabki « *ambêh* ». Le mouton bêle[12] : « bê-ê-ê ! ».
Al-juwâd bahanyhiny « *hanyanyan* ». Le cheval hennit : « *hagnangnan !* ».
Al humâr bikirr « *hîho* ». L'âne brait : « hi ! han ! ».
Al-têray tabki « *tcik tcik* ». L'oiseau chante[13] : « *tchik tchik !* ».
Al-tês bilablib « *bê'ê'ê* ». Le bouc béguète : « bê-ê-ê ! ».

---

11. Litt. : « pleure ».
12. *Id.*
13. *Id.*

9

Le verbe

A. Morphologie du verbe à la forme simple (1ère forme)

Le verbe se présente sous deux aspects, accompli et inaccompli, selon que l'action est achevée ou non.

I. Morphologie de l'accompli

L'accompli marque que l'action est achevée. Il s'obtient par la suffixation au radical de désinences indiquant la personne, le genre et le nombre. Nous employons ici le terme de « désinence » plutôt que « suffixe ». La désinence étant un élément variable qui s'ajoute au radical pour produire les formes d'un paradigme (exemple pour la conjugaison).

1. Le radical

La forme nue du radical apparaît à la troisième personne du singulier de l'accompli, car c'est à ce temps et à cette personne-là seulement qu'il n'y a pas de désinence.

marag	il est sorti	*xalla*	il a laissé
dâx	il a goûté	*kidib*	il a menti.

Dans le radical apparaît la racine, généralement trilitère, du verbe.

Il est important de reconnaître les « trois » consonnes qui forment l'armature du verbe afin de pouvoir le conjuguer correctement.

marag	a pour racine	**mrg*
akal	" "	**'kl*
gâl	" "	**gwl*
xatta	" "	**xtt*
maca	" "	**mcy*
bâ'	" "	**b'ʕ*

Dans ce dernier exemple le symbole « ʕ » (ʕayn) est une lettre de l'arabe classique qui se confond en arabe tchadien avec le « ' ».

2. Les désinences

Les désinences, ou pronoms sujets suffixés au radical du verbe à l'accompli, sont les suivantes, par exemple pour le verbe *katal* « il a tué » :

singulier	1ᵉ pers.		*katal **t***
	2ᵉ pers. masc.		*katal **t***
	2ᵉ pers. fém.		*katal **ti***
	3ᵉ pers. masc.		*katal (â)*
	3ᵉ pers. fém.		*katal **at***
pluriel	1ᵉ pers.		*katal **na***
	2ᵉ pers.		*katal **tu***
	3ᵉ pers.		*katal **o***

Remarques importantes

• Ces désinences sont les mêmes pour tous les verbes à l'accompli.

• Lorsqu'on veut lever l'ambiguïté entre la première personne et la deuxième personne du masculin singulier, on fait précéder le verbe du pronom personnel spécifique : *anâ* « moi » ou bien *inta* « toi ».

Anâ maragt wa inta daxalt.
Je suis sorti et tu es entré.

LE VERBE

• La désinence « *t* » s'écrit mais ne s'entend pas lorsqu'elle est précédée d'une consonne et lorsqu'elle se trouve en position finale dans la phrase.

anâ karabt [karap]	j'ai attrapé
anâ ciribt [cirip]	j'ai bu
anâ cibi't [cibi']	je suis rassasié
anâ gult [gul]	j'ai dit.

Cependant cette désinence « *t* » sera articulée et s'entendra dès que le verbe aura un pronom complément suffixé ou un complément précédé de l'article (voir p. 22).

anâ akalt [anâ 'akal]	j'ai mangé
anâ akaltah [anâ 'akaltah]	je l'ai mangé
anâ akalt al laham [anâ 'akaltallaham]	j'ai mangé la viande.

• A la 3ᵉ personne du masculin singulier de l'accompli, la désinence *[â]* ne s'entend que lorsque le verbe a un pronom personnel suffixe.

sallam	il a salué		
sallamâni	il m'a salué	*sallamâna*	il nous a salués
sallamâk	il t'a salué	*sallamâki*	il t'a saluée
sallamâh	il l'a salué	*sallamâha*	il l'a saluée
sallamâku	il vous a salué(e)s	*sallamâhum*	il les a salué(e)s.

(Pour les suffixes aux autres personnes du verbe, voir p. 211.)

• Mis à part le cas où l'on veut marquer la différence entre la 1ᵉʳᵉ et la 2ᵉ personne, il n'est pas nécessaire de faire chaque fois précéder le verbe de son pronom.

Akalna signifie « nous avons mangé ». Si on dit *anîna akalna*, cela signifie « nous, nous avons mangé », et la phrase prend alors une tournure emphatique. C'est la raison pour laquelle les pronoms figurent entre parenthèses dans les tableaux des conjugaisons que nous proposons plus loin (voir pp. 136 et suivantes).

3. Les deux groupes de verbes à la forme simple de l'accompli

La troisième personne du singulier de l'accompli fait apparaître le radical dont la structure peut être ainsi schématisée :

C	V	C	V	C	
k	*a*	*t*	*a*	*l*	il a tué
k	*a*	*t*	*a*	*b*	il a écrit
	a	*k*	*a*	*l*	il a mangé
x	*a*	*tt*	*a*		il a posé
f	*a*	*t*	*a*	*h*	il a ouvert
w	*i*	*g*	*i*	*f*	il s'est arrêté
g	*i*	*d*	*i*	*r*	il a pu
	i	*r*	*i*	*f*	il a su
n	*i*	*s*	*i*		il a oublié
b	*i*	*g*	*i*		il est devenu.

Nous remarquons que dans les verbes présentés à la 3ᵉ personne de l'accompli, les deux voyelles sont identiques, et qu'elles sont ou bien « *a* », ou bien « *i* ». Ceci nous permet de définir deux groupes de verbes à la forme simple :
- les verbes en « *a* », du groupe 1, comme *katal, marag, akal, maca, gâl, ja*, etc.
- et les verbes en « *i* », du groupe 2, comme *kidib, irif, limis, nisi, bigi*, etc.

Voir tableau de la classification des verbes à la forme simple p. 134.

II. Morphologie de l'inaccompli

L'inaccompli marque que l'action est inachevée (cf. p. 205). Il est caractérisé par la structure suivante :

Préfixe + Radical verbal + Désinence

Nous présenterons donc successivement :

1. la préfixation de l'élément indiquant la personne ;
2. la structure et la voyelle du radical ;
3. la suffixation de désinences indiquant le genre et le nombre.

LE VERBE

1. Les éléments préfixés indiquant la personne

Ces éléments sont les sujets du verbe.

Au singulier, on trouve les préfixes suivants :

1ère pers. masc. et fém.	*na*
2e pers. masc. et fém.	*ta*
3e pers. masc.	*ya*, ou *ba*[1]
3e pers. fém.	*ta*

Au pluriel, on trouve les préfixes suivants :

1ère pers. masc. et fém.			*na*
2e pers.	"	"	*ta*
3e pers.	"	"	*ya*, ou *ba*

2. La structure et la voyelle du radical

La structure du radical des verbes à l'inaccompli est ainsi schématisée : $C_1 C_2 V C_3$

Dans cette structure C_1, C_2 et C_3 représentent chacune des trois consonnes de la racine et V est une voyelle caractéristique de l'inaccompli qui peut être *u, i, a*.

Il y a ainsi les verbes dont la voyelle est, à l'inaccompli :
u comme dans *yamrug* « il sortira »[2],
i comme dans *yaktib* « il écrira »[3],
a comme dans *yacrab* « il boira »[4].

N.B. Entre la 1ère et la 2e consonne du radical il n'y a, normalement, pas de voyelle et nous ne l'inscrirons pas dans les modèles de conjugaisons qui suivent. Cependant de nombreux locuteurs insèrent une voyelle épenthétique facilitant la prononciation du *r*, du *x*, du *h* ou du *w* (cf. p. 28), nous écrirons cette voyelle dans les textes des leçons.

---

1. Au sujet de la différence entre les préfixes *ya* ou *ba*, (voir p. 206).
2. Voir les verbes de la leçon 6, dans *J'apprends l'arabe tchadien*.
3. Voir les verbes de la leçon 7, *ibid*.
4. Voir les verbes de la leçon 9, *ibid*.

Yajri « il court » est réalisé : *yajiri*
yaxdim « il travaille » est réalisé : *yaxadim*
yahgir « il désobéit » est réalisé : *yahagir*
axwân « frères » est réalisé : *axawân*.

3. Les désinences indiquant le genre et le nombre

Ces désinences sont suffixées au radical du verbe.

Il existe une seule désinence au singulier, elle caractérise la 2ᵉ personne du féminin. C'est *i* pour les verbes dont la voyelle du radical à l'inaccompli est « *u* » ou « *i* », ou bien *e* pour les verbes dont la voyelle du radical à l'inaccompli est « *a* ».

On trouve trois désinences semblables pour les trois personnes du pluriel. Ce sont *u* pour les verbes dont la voyelle du radical à l'inaccompli est « *u* » ou « *i* » ; *o* pour les verbes dont la voyelle du radical à l'inaccompli est « *a* ».

C'est un simple phénomène d'attraction vocalique qui fait que les verbes dont la voyelle du radical à l'inaccompli est « *a* » se différencient des autres verbes.
Le « *a* » est la voyelle la plus fréquente en arabe tchadien, elle « attire » à elle le « *i* » qui devient « *e* », et le « *u* » qui devient « *o* ».

Exemple avec *dihik / yadhak* « rire » :

Inti tadhake, humman yahdhako (et non pas *tadhaki* et *yadhaku*).

4. Autres phénomènes phonétiques

• Un phénomène d'harmonie vocalique régressive apparaît dans la conjugaison des verbes dont la voyelle du radical à l'inaccompli est « *i* ». La désinence « *u* » du pluriel transforme la voyelle « *i* » du radical en « *u* ».
On dit ainsi *naktubu* là où on attendait *naktibu*, et *nikallumu* là où on attendait *nikallimu*, etc.

● Un phénomène d'inversion syllabique due à la présence du « *r* » dans le radical.

Lorsque le radical est suivi d'une désinence vocalique la voyelle du radical a tendance à se placer devant le « *r* ».

On dit *tamurgi* et non *tamrugi*, *yacarbo* et non *yacrabo*, etc. Il est de fait plus facile de prononcer le « r » roulé lorsqu'il est précédé d'une voyelle.

5. Tableau des éléments du verbe à l'inaccompli

		Préfixes	Radical	Désinences
singulier	1ère pers.	*na*	—	
	2e pers. masc.	*ta*	—	
	2e pers. fém.	*ta*	—	*i (e)*
	3e pers. masc.	*ya (ba)*	—	
	3e pers. fém.	*ta*	—	
pluriel	1ère pers.	*na*	—	*u (o)*
	2e pers.	*ta*	—	*u (o)*
	3e pers.	*ya (ba)*	—	*u (o)*

III. La formation de l'impératif

1. L'impératif n'existe qu'à la deuxième personne du singulier (masculin et féminin) et à la deuxième personne du pluriel.

Il n'y a pas, comme en français, de forme d'impératif à la 1ère personne du pluriel. On rend en arabe cette forme injonctive par l'inaccompli à la première personne du pluriel, que l'on peut renforcer par les mots *xalâs* « terminé », *yalla* « allons », *wâjib* « il faut que », ou *hassâ* « maintenant ».

Xalâs nâkulu !	Mangeons !
Hassâ naxdumu !	Travaillons !
Yalla namcu !	Partons !
Nacarbo !	Buvons !

2. L'impératif se forme ainsi :
– on prend les deuxièmes personnes du verbe à l'inaccompli,
– on retranche le « *t* » du préfixe,
– on retranche la voyelle qui suit le « *t* » sauf si c'est un « *a* ».

tâkulu	vous mangez	*âkulu !*	mangez !
tamurgi	tu sors	*amurgi !*	sors !
tugûl	tu dis	*gûl !*	dis !
tuxuttu	vous posez	*xuttu !*	posez !
tidirr	tu verses	*dirr !*	verse !

3. L'impératif négatif se forme en faisant suivre la particule *mâ* des formes désirées de l'inaccompli.

Mâ taktulu !	Ne tuez pas !
Mâ tacarbe !	Ne bois pas ! (fém.)
Mâ tunûm !	Ne dors pas !
Mâ namcu !	Ne partons pas !

IV. Classification des verbes à la forme simple

1. La voyelle du radical du verbe à l'inaccompli permet de déterminer trois catégories :
– la catégorie 1 où la voyelle du radical du verbe à l'inaccompli est « *u* »,
– la catégorie 2 où la voyelle du radical du verbe à l'inaccompli est « *i* »,
– la catégorie 3 où la voyelle du radical du verbe à l'inaccompli est « *a* ».
Voir le tableau de la classification p. 134.

2. Nous avions déjà distingué à partir de l'accompli du verbe deux groupes : le groupe 1 en « *a* », le groupe 2 en « *i* » (voir p. 128).

3. Ceci nous permet de tracer un tableau à double entrée où chaque verbe à la forme simple trouvera son modèle de conjugaison, voir page suivante.

Ce tableau permet ainsi de reconnaître que :

marag / yamrug appartient au groupe 1, catégorie 1
katab / yaktib appartient au groupe 1, catégorie 2
fatah / yaftah appartient au groupe 1, catégorie 3
wigif / yagif appartient au groupe 2, catégorie 2
gidir / yagdar appartient au groupe 2, catégorie 3

Des verbes entrent dans une catégorie spéciale. Leurs modèles de conjugaison sont regroupés et portent les numéros 4, 5, 9, 10, 11, 17.

L'accompli de ces verbes est caractérisé :

– soit par la disparition de la consonne centrale du radical entraînant la fusion en un « *â* » des 2 voyelles du radical ;

Exemple : *gâl* « dire », vient de **qawal* dans lequel le *w* a disparu.

– soit par l'identité des deux dernières consonnes du radical entraînant une gémination à l'intérieur du radical.

Exemple : *darra* « verser ». La racine est **drr*, et la deuxième voyelle du radical se trouve après la gémination du *r*.

L'inaccompli de ces verbes est caractérisé par un phénomène d'harmonie vocalique affectant le préfixe du radical.

jâb / yijîb	apporter	*gâl / yugûl*	dire
darra / yidirr	verser	*xatta/ yuxutt*	poser.

Classification des verbes à la forme simple (première forme)

	Catégorie n° 1 (u à l'inacc.) a a / a u	Catégorie n° 2 (i à l'inacc.) a a / a i	Catégorie n° 3 (a à l'inacc.) a a / a a
Groupe n° 1	*katal / yaktul* n° 1 *marag / yamrug* n° 2 *akal / yâkul* n° 3	*katab / yaktib* n° 6 *maca / yamci* n° 7 *ja / yaji* n° 8	*fatah / yaftah* n° 12 *sa'al / yas'al* n° 13 *gata' / yagta'* n° 14 *tala' / yatala* n° 15 *mala / yamla* n° 16
a à l'acc.	â a a / u u *gâl / yugûl* n° 4 *xatta / yuxutt* n° 5	â a a / i i *bâ / yibî* n° 9 *jâb / yijîb* n° 10 *darra / yidirr* n° 11	*xâf / yaxâf* n° 17
Groupe n° 2 i à l'acc.		i i / a i *kidib / yakdib* n° 18 *irif / ya'arif* n° 19	i i / a a *limis / yalmas* n° 20 *nisi / yansa* n° 21 *cibi' / yacba'* n° 22
Hors série	*ga'ad / yagôd* n° 23 / *yidôr* n° 24		

Pour faciliter l'étude des conjugaisons, nous avons numéroté tous les types de verbes à la forme simple (première forme) que nous avons rencontrés dans les textes de la méthode *J'apprends l'arabe tchadien*.

V. *Types de conjugaison des verbes à la forme simple*

1	*katal / yaktul*	cf. p. 136	tuer
2	*marag / yamrug*	p. 137	sortir
3	*akal / yâkul*	p. 138	manger
4	*gâl / yugûl*	p. 139	dire
5	*xatta / yuxutt*	p. 140	poser
6	*katab / yaktib*	p. 141	écrire
7	*maca / yamci*	p. 142	aller
8	*jâ / yaji*	p. 143	venir

CONJUGAISONS DE LA FORME SIMPLE

9	*bâ' / yibi'*	p. 143	acheter
10	*jâb / yijîb*	p. 144	apporter
11	*darra / yidirr*	p. 145	verser
12	*fatah / yaftah*	p. 146	ouvrir
13	*sa'al / yas'al*	p. 147	interroger
14	*gata' / yagta'*	p. 148	couper
15	*tala' / yatala*	p. 149	grimper
16	*mala / yamla*	p. 150	remplir
17	*xâf / yaxâf*	p. 151	avoir peur
18	*kidib / yakdib*	p. 151	mentir
19	*irif / yatarif*	p. 152	savoir
20	*limis / yalmas*	p. 153	toucher
21	*nisi / yansa*	p. 154	oublier
22	*cibi' / yacba'*	p. 155	se rassasier
23	*ga'ad / yagôd*	p. 156	rester
24	*/ yidôr*	p. 156	vouloir

Type n° 1 : *katal / yaktul* « tuer »

Accompli

(anâ) katalt
(inta) katalt
(inti) katalti
(hû) katal
(hî) katalat
(anîna) katalna
(intu) kataltu
(humman) katalo

Inaccompli

(anâ) naktul
(inta) taktul
(inti) taktuli
(hû) yaktul
(hî) taktul
(anîna) naktulu
(intu) taktulu
(humman) yaktulu

Impératif : *aktul, aktuli, aktulu*

Se conjuguent sur le même modèle :

cakar / yackur	remercier
caxar / yacxur	ronfler
fatar / yaftur	déjeuner
nagal / yangul	transporter
nagas / yangus	diminuer
nasar / yansur	faire triompher
rabat / yarbut	attacher
ragad / yargud	être couché
sakat / yaskut	se taire
zagal / yazgul	jeter

Type n° 2 : *marag / yamrug* « sortir »

Accompli

(anâ) maragt
(inta) maragt
(inti) maragti
(hû) marag
(hî) maragat
(anîna) maragna
(intu) maragtu
(humman) marago

Inaccompli

(anâ) namrug
(inta) tamrug
(inti) tamurgi
(hû) yamrug
(hî) tamrug
(anîna) namurgu
(intu) tamurgu
(humman) yamurgu

Impératif : *amrug, amurgi, amurgu*

Particularité : Le système vocalique est le même que dans le modèle précédent. Mais, lorsqu'à l'inaccompli ce verbe se termine par une voyelle, la voyelle « *u* » du radical se prononce avant le « *r* ».

Se conjuguent sur le même modèle :

barak / yabruk	s'agenouiller
barad / yabrud	refroidir
darab / yadrub	frapper
farac / yafruc	étaler
farad / yafrud	sevrer
faraj / yafruj	être adulte
karab / yakrub	attraper
tarad / yatrud	renvoyer
zarag / yazrug	lancer
zarat / yazrut	avaler

Type n° 3 : *akal / yâkul* « manger »

Accompli

(anâ) akalt
(inta) akalt
(inti) akalti
(hû) akal
(hî) akalat
(anîna) akalna
(intu) akaltu
(humman) akalo

Inaccompli

(anâ) nâkul
(inta) tâkul
(inti) tâkuli
(hû) yâkul
(hî) tâkul
(anîna) nâkulu
(intu) tâkulu
(humman) yâkulu

Impératif : *âkul, âkuli, âkulu*

Particularité : La première consonne de la racine de ce verbe est un « ' ». Cette consonne n'est plus articulée à l'inaccompli, et la voyelle des préfixes *na, ta, ya* allonge ainsi la voyelle initiale de ce verbe à l'inaccompli : *naakul* devient *nâkul*.

Se conjugue sur le même modèle :

axad / yâxud   épouser

Type n° 4 : *gâl / yugûl* « dire »

Accompli

(anâ) gult
(inta) gult
(inti) gulti
(hû) gâl
(hî) gâlat
(anîna) gulna
(intu) gultu
(humman) gâlo

Inaccompli

(anâ) nugûl
(inta) tugûl
(inti) tugûli
(hû) yugûl
(hî) tugûl
(anîna) nugûlu
(intu) tugûlu
(humman) yugûlu

Impératif : *gûl, gûli, gûlu*

Se conjuguent sur le même modèle :

bâl / yubûl	uriner
dâx / yudûx	goûter
fâr / yufûr	bouillir
fât / yufût	partir
mât / yumût	mourir
nâm / yunûm	dormir
râx / yurûx	marcher à pied
sâg / yusûg	conduire
sât / yusût	cuire la boule
tâl / yutûl	durer

Type n° 5 : *xatta / yuxutt* « poser »

Accompli

(anâ) xattêt
(inta) xattêt
(inti) xattêti
(hû) xatta
(hî) xattat
(anîna) xattêna
(intu) xattêtu
(hummân) xatto

Inaccompli

(anâ) nuxutt
(inta) tuxutt
(inti) tuxutti
(hû) yuxutt
(hî) tuxutt
(anîna) nuxuttu
(intu) tuxuttu
(humman) yuxuttu

Impératif : *xutt, xutti, xuttu*

Se conjuguent sur le même modèle :

cagga / yucugg	fendre
camma / yucumm	sentir
dagga / yudugg	battre
gacca / yugucc	balayer
gamma / yugumm	se lever
jaxxa / yujuxx	provoquer
kassa / yukuss	se pousser
lamma / yulumm	rassembler
sabba / yusubb	verser
tacca / yutucc	griller

Type n° 6 : *katab / yaktib* « écrire »

Accompli   **Inaccompli**

(anâ) katabt   *(anâ) naktib*
(inta) katabt   *(inta) taktib*
(inti) katabti   *(inti) taktibi*
(hû) katab   *(hû) yaktib*
(hî) katabat   *(hî) taktib*
(anîna) katabna   *(anîna) naktubu*
(intu) katabtu   *(intu) taktubu*
(humman) katabo   *(humman) yaktubu*

Impératif : *aktib, aktibi, aktubu*

Se conjuguent sur le même modèle :

harat / yahrit   cultiver
habas / yahbis   garder à vue
halaf / yahlif   jurer
hakam / yahkim   gouverner
jalad / yajlid   fouetter
nazal / yanzil   descendre
xadam / yaxdim   travailler
xatar / yaxtir   voyager
xatas / yaxtis   plonger

Type n° 7 : *maca / yamci* « aller »

Accompli

(anâ) macêt
(inta) macêt
(inti) macêti
(hû) maca
(hî) macat
(anîna) macêna
(intu) macêtu
(humman) maco

Inaccompli

(anâ) namci
(inta) tamci
(inti) tamcî
(hû) yamci
(hî) tamci
(anîna) namcu
(intu) tamcu
(humman) yamcu

Impératif : *amci, amcî, amcu*

Particularité : La troisième lettre de la racine de ce modèle de verbe est « *y* ». A l'accompli, le « *ê* » est le résultat de la contraction de « *a* » + « *y* », *macayt* devient *macêt*. Cette semi-voyelle « *y* » du radical apparaîtra dans les noms venant de ces verbes : *al maci* « la marche », *al baki* « les pleurs », *al-jari* « la course », etc.

Se conjuguent sur le même modèle :

baka / yabki	pleurer
bana / yabni	construire
caka / yacki	se plaindre
cara / yacri[1]	acheter
fasa / yafsi	péter
gara / yagri	lire
jara / yajri	courir
rama / yarmi	jeter à terre
zaga / yazgi	abreuver

---

1. Les verbes *yacri* et *yajri* sont en fait prononcés avec la voyelle épenthétique « *i* » facilitant l'articulation du « *r* ». On entend [yaciri], [yajiri].

Type n° 8 : *ja / yaji* « venir »

Accompli

(anâ) jît
(inta) jît
(inti) jîti
(hû) ja
(hî) jat
(anîna) jîna
(intu) jîtu
(humman) jô

Inaccompli

(anâ) naji
(inta) taji
(inti) taji
(hû) yaji
(hî) taji
(anîna) naju
(intu) taju
(humman) yaju

Impératif : *ta'âl, ta'âli, ta'âlu*

Type n° 9 : *bâ' / yibî'* « acheter »

Accompli

(anâ) bît
(inta) bît
(inti) bîti
(hû) bâ'
(hî) bâ'at
(anîna) bîna
(intu) bîtu
(humman) bâ'o

Inaccompli

(anâ) nibî'
(inta) tibî
(inti) tibî'i
(hû) yibî'
(hî) tibî'
(anîna) nibî'u
(intu) tibî'u
(humman) yibî'u

Impératif : *bî', bî'i, bî'u*

Type n° 10 : *jâb / yijîb* « apporter »

Accompli

(anâ) jibt
(inta) jibt
(inti) jibti
(hû) jâb
(hî) jâbat
(anîna) jibna
(intu) jibtu
(humman) jâbo

Inaccompli

(anâ) nijîb
(inta) tijîb
(inti) tijîbi
(hû) yijîb
(hî) tijîb
(anîna) nijîbu
(intu) tijîbu
(humman) yijîbu

Impératif : *jîb, jîbi, jîbu*

Se conjuguent sur le même modèle :

câf / yicîf   voir
câl / yicîl   prendre
râd / yirîd   aimer
sâr / yisîr   partir
târ / yitîr   voler en l'air
zâd / yizîd   ajouter

Type n° 11 : *darra / yidirr* « verser »

Accompli　　　　**Inaccompli**

(anâ) darrêt　　　*(anâ) nidirr*
(inta) darrêt　　　*(inta) tidirr*
(inti) darrêti　　　*(inti) tidirri*
(hû) darra　　　*(hû) yidirr*
(hî) darrat　　　*(hî) tidirr*
(anîna) darrêna　*(anîna) nidirru*
(intu) darrêtu　　*(intu) tidirru*
(humman) darro　*(humman) yidirru*

Impératif : *dirr, dirri, dirru*

Se conjuguent sur le même modèle :

dassa / yidiss	introduire
gadda / yigidd	percer
galla / yigill	soulever
kabba / yikibb	sortir la boule
laffa / yiliff	tourner
lazza / yilizz	pousser
sadda / yisidd	fermer
salla / yisill	ôter, retirer
tamma / yitimm	achever

Type n° 12 : *fatah / yaftah* « ouvrir »

Accompli

(anâ) fatêt
(inta) fatêt
(inti) fatêti
(hû) fatah
(hî) fatahat
(anîna) fatêna[2]
(intu) fatêtu
(hummân) fataho

Inaccompli

(anâ) naftah
(inta) taftah
(inti) taftahe
(hû) yaftah
(hî) taftah
(anîna) naftaho
(intu) taftaho
(humman) yaftaho

Impératif : *aftah, aftahe, aftaho*

Se conjuguent sur le même modèle :

dabah / yadbah   égorger
sarah / yasrah   faire paître

---

2. Pour les deux premières personnes du pluriel, on entendra aussi la forme plus proche de l'arabe classique : *fatahna, fatahtu*. On entendra de même pour les autres verbes *dabahna, dabahtu ; sarahna, sarahtu*.
Le verbe *fatah* est souvent employé pour signifier « dire la *fâtiha*, la première sourate du Coran », au cours d'une cérémonie religieuse.
Exemple : *Fatêna lê Ali* « Nous avons dit la *fâtiha* pour conclure le mariage d'Ali ».

Type n° 13 : *sa'al / yas'al* « interroger »

Accompli   **Inaccompli**

(anâ) sa'alt   *(anâ) nas'al*
(inta) sa'alt   *(inta) tas'al*
(inti) sa'alti   *(inti) tas'ale*
(hû) sa'al   *(hû) yas'al*
(hî) sa'alat   *(hî) tas'al*
(anîna) sa'alna   *(anîna) nas'alo*
(intu) sa'altu   *(intu) tas'alo*
(hummân) sa'alo   *(humman) yas'alo*

Impératif : *as'al, as'ale, as'alo*

Se conjuguent sur le même modèle :

ta'an / yat'an   piquer
ba'as / yab'as   ressusciter
ca'ag / yac'ag   planter, enfiler
ja'al / yaj'al   faire cas de
ra'as / yar'as   présider

Type n° 14 : *gata' / yagta'* « couper »

Accompli   **Inaccompli**

(anâ) gatêt   *(anâ) nagta'*
(inta) gatêt   *(inta) tagta'*
(inti) gatêti   *(inti) tagta'e*
(hû) gata'   *(hû) yagta'*
(hî) gata'at   *(hî) tagta'*
(anîna) gatêna   *(anîna) nagta'o*
(intu) gatêtu   *(intu) tagta'o*
(humman) gata'o   *(humman) yagta'o*

Impératif : *agta', agta'e, agta'o*

Se conjuguent sur le même modèle :

cala' / yacla'   enlever
faza' / yafza'   secourir
gala' / yagla'   arracher
rafa' / yarfa'   soulever
waga' / yaga'   tomber
zara' / yazra'   cultiver

Type n° 15 : *tala' / yatala* « grimper »

Accompli

(anâ) talêt
(inta) talêt
(inti) talêti
(hû) tala'
(hî) tala'at
(anîna) talêna
(intu) talêtu
(humman) tala'o

Inaccompli

(anâ) natala
(inta) tatala
(inti) tatale
(hû) yatala
(hî) tatala
(anîna) natalo
(intu) tatalo
(humman) yatalo

Impératif : *atala, atale, atalo*

La racine de ce verbe est **tl'*. La conjugaison de ce verbe, à l'inaccompli, se rapproche de celle du verbe *simi' / yas(a)ma* (entendre). Voir plus loin : type n° 22, note 7, p. 155.

Type n° 16 : *mala / yamla* « remplir »

Accompli **Inaccompli**

(anâ) malêt *(anâ) namla*
(inta) malêt *(inta) tamla*
(inti) matêti *(inti) tamle*
(hû) mala *(hû) yamla*
(hî) malat *(hî) tamla*
(anîna) malêna *(anîna) namlo*
(intu) malêtu *(intu) tamlo*
(humman) malo *(humman) yamlo*

Impératif : *amla, amle, amlo*

Se conjuguent sur le même modèle :

aba / yâba refuser
bada / yabda commencer
fasa / yafsa péter
kafa / yakfa recouvrir
sa'a / yas'a élever des animaux

Type n° 17 : *xâf / yaxâf* « avoir peur »

Accompli   **Inaccompli**

(anâ) xuft   *(anâ) naxâf*
(inta) xuft   *(inta) taxâf*
(inti) xufti   *(inti) taxâfe*
(hû) xâf   *(hû) yaxâf*
(hî) xâfat   *(hî) taxâf*
(anîna) xufna   *(anîna) naxâfo*
(intu) xuftu   *(intu) taxâfo*
(humman) xâfo   *(humman) yaxâfo*

Impératif : *axâf, axâfe, axâfo*

Type n° 18 : *kidib / yakdib* « mentir »

Accompli   **Inaccompli**

(anâ) kidibt   *(anâ) nakdib*
(inta) kidibt   *(inta) takdib*
(inti) kidibti   *(inti) takdibi*
(hû) kidib   *(hû) yakdib*
(hî) kidibat   *(hî) takdib*
(anîna) kidibna   *(anîna) nakdubu*
(intu) kidibtu   *(intu) takdubu*
(humman) kidibo   *(humman) yakdubu*

Impératif : *akdib, akdibi, akdubu*

Se conjuguent sur le même modèle :

rijif / yarjif   trembler
wigif / yagîf   attendre
wilid / yawlid   enfanter

Type n° 19 : *irif / ya'arif* « savoir »

Accompli

(anâ) irift
(inta) irift
(inti) irifti
(hû) irif
(hî) irifat
(anîna) irifna
(intu) iriftu
(humman) irifo (irfo)

Inaccompli

(anâ) na'arif
(inta) ta'arif
(inti) ta'arfi
(hû) ya'arif
(hî) ta'arif
(anîna) na'arfu
(intu) ta'arfu
(humman) ya'arfu

Impératif : *a'arif, a'arfi, a'arfu*

Type n° 20 : *limis / yalmas* « toucher »

Accompli

(anâ) limist
(inta) limist
(inti) limisti
(hû) limis
(hî) limisat
(anîna) limisna
(intu) limistu
(humman) limiso

Inaccompli

(anâ) nalmas
(inta) talmas
(inti) talmase
(hû) yalmas
(hî) talmas
(anîna) nalmaso
(intu) talmaso
(humman) yalmaso

Impératif : *almas, almase, almaso*

Se conjuguent sur le même modèle :

cirib / yacrab[3]	boire
dihik / yadhak	rire
firih / yafrah	être joyeux
gidir / yagdar	pouvoir
hilim / yahlam	rêver
li'ib / yal'ab	danser
libis / yalbas	revêtir
rikib / yarkab	monter sur
wihil / yawhal[4]	s'enliser

---

3. Attention au déplacement de la voyelle contiguë au « *r* » à l'inaccompli, voir Type n° 2. On dira *tacarbe, nacarbo, yacarbo*.
4. *yawhal* se transforme souvent en *yôhal*.

Type n° 21 : *nisi / yansa* « oublier »

Accompli **Inaccompli**

(anâ) nisit   *(anâ) nansa*
(inta) nisit   *(inta) tansa*
(inti) nisiti   *(inti) tanse*
(hû) nisi[5]   *(hû) yansa*
(hî) nisat   *(hî) tansa*
(anîna) nisina   *(anîna) nanso*
(intu) nisitu   *(intu) tanso*
(humman) niso   *(humman) yanso*

Impératif : *ansa, anse, anso*

Se conjuguent sur le même modèle :

bigi / yabga	devenir
biri / yabra	guérir
ligi / yalga	trouver
tixi / yatxa	vivre à l'aise
xici / yaxca	faire un détour

---

5. *nisi* ou *nisa*.
   Les deux formes sont attestées pour ce verbe comme pour les autres verbes se conjuguant sur le même modèle. On entendra ainsi : *biga, bira, liga*, etc., à la place de *bigi, biri, ligi*, etc.

Type n° 22 : *cibi' / yacba'* « se rassasier »

Accompli

(anâ) cibît[6]
(inta) cibît
(inti) cibîti
(hû) cibi'
(hî) cibi'at
(anîna) cibîna
(intu) cibîtu
(humman) cibi'o

Inaccompli

(anâ) nacba'
(inta) tacba'
(inti) tacba'e
(hû) yacba'
(hî) tacba'
(anîna) nacba'o
(intu) tacba'o
(humman) yacba'o

Impératif : *acba', acba'e, acba'o*

Se conjuguent sur le même modèle :

riji' / yarja'	attendre, espérer
simi' / yas(a)ma'[7]	entendre
timi' / yatma'	ambitionner

---

6. On entend aussi *cibi, riji, simi, timi* à la première personne de l'accompli. En fait [cibi], [riji], [simi], [timi] sont, chez les Arabes nomades, les réalisations de *cibi't, riji't, simi't*, etc. (voir page 22) ; on entendra plus souvent à N'Djaména *cibît, rijît, simît*, etc.
7. A l'inaccompli, le verbe *yasma'* est conjugué comme le verbe *yatala* et subira les mêmes modifications : on entendra souvent *tasame, nasamo, tasamo, yasamo* à la place de *tasma'e, nasma'o, tasma'o, yasma'o*.

Type n° 23 : *ga'ad / yagôd* « rester »

Accompli

(anâ) ga'adt
(inta) ga'adt
(inti) ga'adti
(hû) ga'ad
(hî) ga'adat
(anîna) ga'adna
(intu) ga'adtu
(humman) ga'ado

Inaccompli

(anâ) nagôd
(inta) tagôd
(inti) tagôdi
(hû) yagôd
(hî) tagôd
(anîna) nagôdu
(intu) tagôdu
(humman) yagôdu

Impératif : *agôd, agôdi, agôdu*

Type n° 24 : *yidôr* « vouloir »

Accompli

A l'accompli on utilise le verbe de la deuxième forme : *dawwar* « vouloir » (voir p. 158).

Inaccompli

(anâ) nidôr
(inta) tidôr
(inti) tidôri
(hû) yidôr[8]
(hî) tidôr
(anîna) nidôru
(intu) tidôru
(humman) yidôru

---

8. *yidôr* est le résultat d'une contraction de *yidawr*.

VI. Les verbes quadrilitères

Ce sont des verbes dont la racine est composée de quatre consonnes.

• Les quatre consonnes de ces verbes peuvent être différentes :

caglab / yicaglib	se métamorphoser	*šglb
karcam / yikarcim	chiffonner	*kršm
xarbal / yixarbil	vanner le mil	*ġrbl, etc.

• Se comportent aussi comme des quadrilitères des verbes, généralement des idéophones, formés d'une double syllabe[1].

barbar / yibarbir	perdre ses cheveux
camcam / yicamcim	sentir, renifler
damdam / yidamdim	arranger, disposer
lawlaw / yilawliw	enrouler, bander

Ces verbes n'offrent aucune difficulté pour leur conjugaison. Ils se conjuguent comme les verbes de la deuxième forme, (voir plus loin : Conjugaison Forme II (c), p. 166).

Dès à présent nous présentons leur structure morphologique dans le passage de l'accompli à l'inaccompli :

accompli					inaccompli				
	a		a		yi	a		i	
C_1	C_2	C_3	C_4		C_1	C_2	C_3	C_4	
b	a r	b	a r		yi b	a r	b	i r	
c	a g (a)	l	a b		yi c	a g (i)	l	i b	
d	a m	d	a m		yi d	a m	d	i m	
k	a r	c	a m		yi k	a r	c	i m	
l	a w	l	a w		yi l	a w	l	i w	
x	a r	b	a l		yi x	a r	b	i l	

---

1. Ces verbes ont bien quatre lettres dans leur radical à l'accompli, mais ils sont en fait formés à partir d'une racine trilitère.
  C'est ainsi que nous noterons dans le dictionnaire :
  – que *barbar* vient de la racine **brr*,
  – que *camcam* vient de la racine **šmm*,
  – que *damdam* vient de la racine **ḍmm*, etc.

B. Morphologie du verbe aux formes dérivées

I. Les neuf formes dérivées du verbe

1. Rappel

Nous avons vu la morphologie des verbes à la forme simple, c'est-à-dire des verbes à la première forme. Ces verbes avaient généralement trois consonnes et deux voyelles dans leur radical à la troisième personne de l'accompli.
Leur structure était : CvCv(C).
Pour exprimer certaines notions d'intensité, de réciprocité ou de réflexivité, la langue va créer à partir de cette première forme d'autres structures verbales appelées « *formes dérivées* ».

2. La deuxième forme : CaCCaC

La deuxième forme est caractérisée par un redoublement de la deuxième lettre du radical et donne au verbe un sens intensif ou factitif.

dabah	égorger	*dabbah / yidabbih*	faire un carnage
fâr	bouillir	*fawwar / yifawwir*	faire bouillir
al kalâm	la parole	*kallam / yikallim*	parler
al-salâm	la paix	*sallam / yisallim*	saluer
talag	laisser partir	*tallag / yitallig*	répudier.

Nous avons trois modèles de conjugaisons pour cette deuxième forme :
– la forme II (a) composée à partir d'une racine trilitère ayant conservé ses 3 consonnes, cf. type : fattac / yifattic « chercher », p. 164 ;
– la forme II (b) composée à partir d'une racine trilitère ayant perdu sa consonne finale, cf. type : kaffa / yikaffi « payer », p. 165 ;
– la forme II (c) permettant la conjugaison des verbes quadrilitères, p. 166.

3. La troisième forme : CâCaC

La troisième forme est caractérisée par un allongement de la première consonne du radical. Cette forme exprime l'idée de diriger l'action vers une personne ou une chose, elle manifeste très souvent l'interaction de deux sujets.

tâlag / yitâlig	être en travail, pour une femme qui accouche
dâwas / yidâwis	se bagarrer
câwar / yicâwir	consulter, demander conseil à
lâga / yilâgi	rencontrer, accueillir
nâda / yinâdi	convoquer, appeler
gâwas / yigâwis	mesurer.

Nous avons deux modèles de conjugaisons pour la troisième forme :
– la forme III (a) où les trois consonnes du radical sont apparentes, cf. type : *sâwag / yisâwig* « commercer », p. 167 ;
– la forme III (b) où la dernière consonne du radical a disparu, cf. type : *nâda / yinâdi* « convoquer, appeler », p. 168.

4. La quatrième forme : aCCaC

Cette forme est caractérisée par l'adjonction d'une voyelle « *a* », préfixée au radical du verbe à l'accompli. Le verbe acquiert alors un sens factitif impersonnel. Cette forme fréquente en arabe classique est rare en arabe tchadien. Nous l'avons cependant trouvée dans les verbes suivants :

asbah / yi'asbih « être au matin » *ṣbḥ,
anta / yanti « donner » *ʿty.

a'ta(y) est devenu *anta* après la nasalisation du « ʿ » au contact du « *t* », et la chute de la semi-voyelle « *y* ». Ce verbe donne lieu à une conjugaison spéciale, (voir p. 169).

ôgad / yi'ôgid (allumer) *wqd,

awgad est devenu *ôgad* après la contraction du « *a* » et du « *w* » en « *ô* ».

De même, *ôra / yi'ôri* (faire savoir) *wry, résulte de la contraction de *awra* et de la chute de la dernière consonne de la racine.

ôta / yi'ôti (avancer au Sud) *wṭy, résulte de la contraction de *awta* et de la chute du « y ».
Voir la conjugaison de ces verbes pp. 170-171.

5. La cinquième forme : alCaCCaC

Cette forme est caractérisée par le préfixe *al* devant la structure de la deuxième forme : *CaCCaC*.

Le « *a* » de ce préfixe s'élide après une voyelle, et le « *l* » de ce préfixe s'assimile avec la première lettre du radical dans les mêmes conditions que celle de l'article (cf. pp. 62-63). Cependant, pour marquer la fonction spécifique de ce préfixe qui ne joue pas ici le rôle de l'article, nous n'utiliserons pas le trait d'union et noterons l'assimilation lorsqu'elle se produit.

Nous écrirons :

assallamo / yissallamo « se saluer mutuellement »,
        et non pas : *al-sallamo / yil-sallamo* ;

accagalab / yiccagalab « se métamorphoser »,
        et non pas : *al-cagalab / yil-cagalab*, etc.

Cette forme correspond à la forme pronominale de la deuxième forme. Elle exprime un effort du sujet pour accomplir ou subir une action qui le concerne.

albarrad / yilbarrad	se laver
al'addab / yil'addab	s'instruire, se cultiver
al'affas / yil'affas	se tordre
allabbad / yillabbad	se cacher.

6. La sixième forme : alCâCaC

Cette forme est caractérisée par le préfixe *al* devant la structure de la troisième forme *CâCaC*. Nous noterons l'assimilation du « *l* » et l'élision du « *a* » de ce préfixe à l'accompli pour la même raison que celle donnée plus haut pour la cinquième forme.

ajjâmalo / yijjâmalo	ils se sont relayés pour porter un fardeau
addâwaso / yiddâwaso	ils se sont battus.

Cette forme correspond à la forme pronominale de la troisième forme. Elle exprime la réciprocité.

alhânano	ils se portent mutuellement des signes de tendresse
allâgo	ils se rencontrent, ils s'accueillent mutuellement.

Remarques :

Beaucoup de ces verbes exprimant la réciprocité ne peuvent se conjuguer qu'au pluriel.

Les verbes, tels que *allâgo* « s'accueillir », qui ont perdu la troisième consonne du radical, ne présentent aucune difficulté de conjugaison. Nous n'avons pas cru bon d'en présenter le paradigme. (Voir : *lâga / yilâgi* au pluriel.)

Quelques verbes peuvent pourtant se conjuguer au singulier tels que : *addârag / yiddârag* « se cacher », *addâwa / yiddâwa* « se soigner », etc.

7. La septième forme : anCaCaC

Cette forme est caractérisée par le préfixe *an* qui est réalisé *am* devant un « *b* » ou un « *m* », (voir plus haut p. 14).

anfarag / yinfarig	se séparer
anjamma / yinjamma	se reposer
anbarat / yinbarit	s'écorcher, réalisé [*ambarat / yimbarit*]
anmala / yinmali	se remplir, réalisé [*ammala / yimmali*].

Cette forme correspond à la forme pronominale des verbes de la première forme avec généralement un sens réfléchi passif.

Al hajar kassar al burma.
La pierre a cassé la marmite.

Al burma ankasarat.
La marmite s'est cassée.

Hû farag al iyâl min al amm.
Il a séparé les enfants de la mère.

Al iyâl anfarago min al amm.
Les enfants se sont séparés de la mère.

Nous proposons deux modèles de conjugaisons :

– la forme VII (a) où les trois consonnes du radical du verbe à la forme simple sont différentes ; cf. type : *anfarag*, **frq*, (voir p. 174) ;
– La forme VII (b) où les deux dernières consonnes du radical du verbe à la forme simple sont semblables ; cf. type : *anjamma*, **jmm*, (voir p. 175).

8. La huitième forme : iCtaCaC

Cette forme est caractérisée par le préfixe « *i* » et l'infixe « *t* » après la première lettre du radical.
Cette forme correspond aussi à la forme pronominale des verbes de la première forme, mais elle exprime l'intention du sujet de faire une action dans laquelle la réciprocité est en sa faveur.

ictarak / yictarik   participer
ijtama' / yijṭami'   se rassembler, se croiser avec.

Deux modèles de conjugaisons sont présentés :

– la forme VIII (a) où la dernière consonne du radical est apparente, cf. type : *ijtahad / yijtahid* « faire un effort », voir p. 176 ;
– la forme VIII (b) où la dernière consonne du radical disparaît à l'inaccompli, cf. type : *ibtala / yibtali* « s'adonner à », voir p. 177.

9. La neuvième forme : istaCCaC

Cette forme est caractérisée par le préfixe *ista* et exprime un effort du sujet pour obtenir ou réaliser quelque chose.

ista'mar / yista'mar   coloniser
                          (litt. : « chercher à cultiver la terre, à la peupler »)
istahbal / yistahbal   plaisanter
                          (litt. : « chercher à ruser, faire des astuces »)
ista'zan / yista'zan   demander la permission
                          (litt. : « chercher à obtenir la permission »).

Remarque :
Normalement, la troisième voyelle du verbe à l'inaccompli de la neuvième forme est « *a* » ; mais dans les verbes dont la racine consonantique est formée d'un « *w* » ou d'un « *y* », cette voyelle se transforme en « *i* ».

istaha / yistahi	avoir honte	*ḥyy*
istafâd / yistafîd	tirer profit de	*fyd*
istafag / yistafig	se mettre d'accord	*wfq*.

Ces verbes n'offrent aucune difficulté de conjugaison et suivent le modèle de la forme VIII. Pour cette raison nous n'avons pas cru bon de développer un modèle de conjugaison supplémentaire.

II. Tableau récapitulatif des formes dérivées

formes	sens	exemples	racines
I	voir tableau p. 134	*talag / yatlig* « laisser partir »	*ṭlq
II	factitif intensif	*tallag / yitallig* « répudier »	*ṭlq
III	interaction de 2 sujets	*tâlag / yitâlig* « être en travail d'accouchement »	*ṭlq
IV	factitif impersonnel	*ôra / yi'ori* « faire savoir »	*wry
V	pronominal de la forme II	*al'affas / yil'affas* « se tordre »	*ʕfṣ
VI	pronominal de la forme III	*attâlago / yittâlago* « se séparer, divorcer »	*ṭlq
VII	pronominal de la forme I, réfléchi passif	*antalag / yintalig* « se relâcher, se détacher »	*ṭlq
VIII	pronominal de la forme I, réfléchi actif	*ijtahad / yijtahid* « s'appliquer à »	*jhd
IX	effort pour obtenir ou réaliser qqch.	*ista'zan / yista'zan* « demander la permission »	*kbr

III. Conjugaisons des verbes aux formes dérivées

Forme II (a) : $C_1 a C_2 C_2 a C_3$

fattac / yifattic « chercher »

Accompli   **Inaccompli**

(anâ) fattac   *(anâ) nifattic*
(inta) fattact   *(inta) tifattic*
(inti) fattacti   *(inti) tifattici*
(hû) fattac   *(hû) yifattic*
(hî) fattacat   *(hî) tifattic*
(anîna) fattacna   *(anîna) nifattucu*
(intu) fattactu   *(intu) tifattucu*
(humman) fattaco   *(humman) yifattucu*

Impératif : *fattic, fattici, fattucu*

Se conjuguent sur le même modèle :

barrad / yibarrid	se laver
gaddaf / yigaddif	vomir
hassal / yahassil	apprêter
kallam / yikallim	parler
naffas / yinaffis	respirer
sabbab / yisabbib	avoir la diarrhée
saddad / yisaddid	fermer
sallam / yisallim	saluer
xassal / yixassil	laver
xayyat / yixayyit	coudre

Forme II (b) : $C_1 a C_2 C_2 a$

kaffa / yikaffi « payer »

Accompli   **Inaccompli**

(anâ) kaffêt   *(anâ) nikaffi*
(inta) kaffêt   *(inta) tikaffi*
(inti) kaffêti   *(inti) tikaffi*
(hû) kaffa   *(hû) yikaffi*
(hî) kaffat   *(hî) tikaffi*
(anîna) kaffêna   *(anîna) nikaffu*
(intu) kaffêtu   *(intu) tikaffu*
(humman) kaffo   *(humman) yikaffu*

Impératif : *kaffi, kaffi, kaffu.*

Se conjuguent sur le même modèle :

dalla / yidalli	descendre
garra / yigarri	instruire
hajja / yahajji	converser, parler
najja / yinajji	sauver de
rabba / yirabbi	élever, nourrir
saffa / yisaffi	filtrer
salla / yisalli	prier
sawwa / yisawwi	faire, fabriquer
wadda / yiwaddi	faire des ablutions
xalla / yixalli	laisser
xanna / yixanni	chanter

Forme II (c) : $C_1 a C_2 C_1 a C_3$

gangas / yigangis « être accroupi »

Accompli   **Inaccompli**

(anâ) gangast   *(anâ) nigangis*
(inta) gangast   *(inta) tigangis*
(inti) gangasti   *(inti) tigangisi*
(hû) gangas   *(hû) yigangis*
(hî) gangasat   *(hî) tigangis*
(anîna) gangasna   *(anîna) nigangusu*
(intu) gangastu   *(intu) tigangusu*
(humman) gangaso   *(humman) yigangusu*

Impératif : *gangis, gangisi, gangusu.*

Se conjuguent sur le même modèle :

balbat / yibalbit	enduire
caglab / yicaglib	se métamorphoser
damdam / yidamdim	arranger, ordonner
dardag / yidardig	rouler sur soi-même
farfat / yifarfit	se débattre
jankab / yijankib	sarcler
kalkat / yikalkit	faire sortir le gibier
marmax / yimarmix	se rouler par terre
tartac / yitartic	tromper, embrouiller
xalbat / yixalbit	confondre, mélanger
zaxrat / yizaxrit	pousser des youyous

Forme III (a) : C_1 â C_2 a C_3

sâwag / yisâwig « commencer »

Accompli   **Inaccompli**

(anâ) sâwagt   *(anâ) nisâwig*
(inta) sâwagt   *(inta) tisâwig*
(inti) sâwagti   *(inti) tisâwigi*
(hû) sâwag   *(hû) yisâwig*
(hî) sâwagat   *(hî) tisâwig*
(anîna) sâwagna   *(anîna) nisâwugu*
(intu) sâwagtu   *(intu) tisâwugu*
(humman) sâwago   *(humman) yisâwugu*

Impératif : *sâwig, sâwigi, sâwugu.*

Se conjuguent sur le même modèle :

câwar / yicâwir	consulter
dâwas / yidâwis	se battre
lâhat / yilâhit	délirer
sâlah / yisâlih	réconcilier
sâmah / yisâmih	pardonner
tâwag / yitâwig	regarder furtivement
wâlaf / yiwâlif	s'habituer
xâlat / yixâlit	avoir une palabre
xâsam / yixâsim	ne plus parler à qqn.
Xâtaf / yixâtif	prendre avec violence
zâwal / yizâwil	avoir envie de vomir

Forme III (b) : C_1 â C_2 a

nâda / yinâdi « appeler »

Accompli

(anâ) nâdet
(inta) nâdet
(inti) nâdêti
(hû) nâda
(hî) nâdat
(anîna) nâdêna
(intu) nâdêtu
(humman) nâdo

Inaccompli

(anâ) ninâdi
(inta) tinâdi
(inti) tinâdî
(hû) yinâdi
(hî) tinâdi
(anîna) ninâdu
(intu) tinâdu
(humman) yinâdu

Impératif : *nâdi, nâdî, nâdu.*

Se conjuguent sur le même modèle :

âfa / yi'âfi	pardonner
âza / yi'âzi	causer des dégâts
bâra / yibâri	dévier, contourner
dâwa / yidâwi	soigner
hâma / yihâmi	venir en aide
kâla / yikâli	secourir un malade
lâga / yilâgi	rencontrer, accueillir
râra / yirâri	briller
tâba / yitâbi	suivre
âda / yi'âdi	contaminer

Forme IV (a) : $â\ C_1\ C_2\ v\ C_3$

asbah / yi'asbih « passer la matinée »

Accompli

(anâ) asbaht
(inta) asbaht
(inti) asbahti
(hû) asbah
(hî) asbahat
(anîna) asbahna
(intu) asbahtu
(humman) asbaho

Inaccompli

(anâ) ni'asbih
(inta) ti'asbih
(inti) ti'asbihi
(hû) yi'asbih
(hî) ti'asbih
(anîna) ni'asbuhu
(intu) ti'asbuhu
(humman) yi'asbuhu

Impératif : *asbih, asbihi, asbuhu.*

Comme *fatah* (cf. p. 146), ce verbe *asbah* subit des déformations ; on pourra entendre à l'accompli : *asbêt, asbêti, asbêna, asbêtu* et à l'inaccompli : *na'asbih, ta'asbih, ya'asbih, na'asbuhu,* etc.

Forme IV (b) : $â\ C_1\ C_2\ a$

anta / yanti « donner »

Accompli

(anâ) antêt
(inta) antêt
(inti) antêti
(hû) anta
(hî) antat
(anîna) antêna
(intu) antêtu
(humman) anto

Inaccompli

(anâ) nanti
(inta) tanti
(inti) tantî
(hû) yanti
(hî) tanti
(anîna) nantu
(intu) tantu
(humman) yantu

Impératif : *anti, antî, antu.*

Forme IV (c) : $ô\ C_2\ a\ C_3$

ôgad / yi'ôgid « allumer »

Accompli   **Inaccompli**

(anâ) ôgadt   *(anâ) ni'ôgid*
(inta) ôgadt   *(inta) ti'ôgid*
(inti) ôgadti   *(inti) ti'ôgidi*
(hû) ôgad   *(hû) yi'ôgid*
(hî) ôgadat   *(hî) ti'ôgid*
(anîna) ôgadna   *(anîna) ni'ôgudu*
(intu) ôgadtu   *(intu) ti'ôgudu*
(humman) ôgado   *(humman) yi'ôgudu*

Impératif : *ôgid, ôgidi, ôgudu.*

Forme IV (d) : $ô\ C_2\ a$

ôra / yi'ôri « dire »

Accompli

(anâ) ôrêt
(inta) ôrêt
(inti) ôrêti
(hû) ôra
(hî) ôrat
(anîna) ôrêna
(intu) ôrêtu
(humman) ôro

Inaccompli

(anâ) ni'ôri
(inta) ti'ôri
(inti) ti'ôrî
(hû) yi'ôri
(hî) ti'ôri
(anîna) ni'ôru
(intu) ti'ôru
(humman) yi'ôru

Impératif : *ôri, ôrî, ôru.*

Se conjuguent sur le même modèle :

ôta / yi'ôti   aller vers le sud
ôma / yi'ômi   menacer de frapper

Forme V : *al C_1 a C_2 C_2 a C_3*

albarrad / yilbarrad « se laver »

Accompli   **Inaccompli**

(anâ) albarradt   (anâ) nilbarrad
(inta) albarradt   (inta) tilbarrad
(inti) albarradti   (inti) tilbarrade
(hû) albarrad   (hû) yilbarrad
(hî) albarradat   (hî) tilbarrad
(anîna) albarradna   (anîna) nilbarrado
(intu) albarradtu   (intu) tilbarrado
(humman) albarrado   (humman) yilbarrado

Impératif : *albarrad, albarrade, albarrado.*

Se conjuguent sur le même modèle :

al'addab / yil'addab	s'instruire, se cultiver
al'addal / yil'addal	se bonifier, devenir parfait
al'affas / yil'affas	se tordre
al'awwad / yil'awwad	se remettre d'une perte
albactan / yilbactan	être gêné ou être dérangé
albaddal / yilbaddal	s'échanger
allawas / yillawwas	se combler, se boucher
allawlaw / yillawlaw	s'enrouler
alwassad / yilwassad	se caler avec un coussin

Forme VI : *al C â C a C o*

alhânano / yilhânano « se câliner »

Accompli   **Inaccompli**

(anîna) alhânanna   *(anîna) nilhânano*
(intu) alhânantu   *(intu) tilhânano*
(humman) alhânano   *(humman) yilhânano*

Impératif : *alhânano*

Se conjuguent sur le même modèle :

addâwaso / yiddâwaso	se battre
ajjâmalo / yijjâmalo	se relayer pour porter un fardeau
al'âco / yil'âco	dîner ensemble
al'âmaro / yil'âmaro	se réconcilier
al'ânaso / yil'ânaso	converser ensemble
al'âwano / yil'âwano	s'entraider
algâsamo / yilgâsamo	se partager
alhâwato / yilhâwato	se chevaucher, se croiser sans se rencontrer
alhâzaro / yilhâzaro	se taquiner
alkâtafo / yilkâtafo	s'épauler
allâgo / yillâgo	se rencontrer
allâhado / yillâhado	s'entrevoir
arrâyado / yirrâyado	s'aimer

Forme VII (a) : *an C_1 a C_2 a C_3*

anfarag / yinfarig « se séparer »

Accompli

(anâ) anfaragt
(inta) anfaragt
(inti) anfaragti
(hû) anfarag
(hî) anfaragat
(anîna) anfaragna
(intu) anfaragtu
(humman) anfarago

Inaccompli

(anâ) ninfarig
(inta) tinfarig
(inti) tinfarigi
(hû) yinfarig
(hî) tinfarig
(anîna) ninfarugu
(intu) tinfarugu
(humman) yinfarugu

Impératif : *anfarig, anfarigi, anfarugu.*

Se conjuguent sur le même modèle :

ambalas / yimbalis	s'échapper
anbaram / yimbarim	se tourner vers
anbarat / yimbarit	s'écorcher
ancarat / yincarit	se déchirer
ankasar / yinkasir	se casser
anradax / yinradix	avoir des bleus
antabag / yintabig	se coller contre
anxara' / yinxari'	s'inquiéter, s'effrayer
anmala / yimmali	se remplir

Forme VII (b) : *an C_1 a C_2 C_3 a*

anjamma / yinjamma « se reposer »

Accompli

(anâ) anjammêt
(inta) anjammêt
(inti) anjammêti
(hû) anjamma
(hî) anjammat
(anîna) anjammêna
(intu) anjammêtu
(humman) anjammo

Inaccompli

(anâ) ninjamma
(inta) tinjamma
(inti) tinjamme
(hû) yijamma
(hî) tinjamma
(anîna) ninjammo
(intu) tinjammo
(humman) yinjammo

Impératif : *anjamma, anjamme, anjammo.*

Se conjuguent sur le même modèle :

andassa / yindassa	s'introduire dans
ancamma / yincamma	dégager une odeur
ankarra / yinkarra	se traîner par terre
anballa / yinballa	mouiller
ancaxxa / yincaxxa	être préoccupé
anhalla / yinhalla	se détacher
angadda / yingadda	se percer
anracca / yinracca	s'asperger
ancagga / yincagga	se fissurer, se fendre

Forme VIII (a) : $i\ C_1\ t\ a\ C_2\ a\ C_3$

ijtahad / yijtahid « faire effort »

Accompli   **Inaccompli**

(anâ) ijtahadt   *(anâ) nijtahid*
(inta) ijtahadt   *(inta) tijtahid*
(inti) ijtahadti   *(inti) tijtahidi*
(hû) ijtahad   *(hû) yijtahid*
(hî) ijtahadat   *(hî) tijtahid*
(anîna) ijtahadna   *(anîna) nijtahudu*
(intu) ijtahadtu   *(intu) tijtahudu*
(humman) ijtahado   *(humman) yitahudu*

Impératif : *ijtahid, ijtahidi, ijtahudu.*

Se conjuguent sur le même modèle :

ictarak / yictarik	participer
i'tabar / yi'tabir	considérer comme
ihtafal / yihtafil	fêter, célébrer
ihtaram / yihtarim	respecter
intabah / yintabih	prêter attention à
intazar / yintazir	attendre

Forme VIII (b) : $i\ C_1\ t\ a\ C_2\ a$

ibtala / yibtali « s'adonner à »

Accompli   **Inaccompli**

(anâ) ibtalêt   *(anâ) nibtali*
(inta) ibtalêt   *(inta) tibtali*
(inti) ibtalêti   *(inti) tibtalî*
(hû) ibtala   *(hû) yibtali*
(hî) ibtalat   *(hî) tibtali*
(anîna) ibtalêna   *(anîna) nibtalu*
(intu) ibtalêtu   *(intu) tibtalu*
(humman) ibtalo   *(humman) yibtalu*

Impératif : *ibtali, ibtalî, ibtalu.*

Se conjuguent sur le même modèle :

ibtada / yibtadi   commencer
ictara / yictari   acheter
ixtaca / yixtaci   avoir honte, craindre

N.B. Le verbe *ibtada* a pour racine **bd'*. Certains locuteurs conservent le *hamza* dans la conjugaison de ce verbe. On entendra alors *ibtada'at, ibtada'o*.

Forme IX : *ista C_1 C_2 a C_3*

istaxrab / yistaxrab « s'étonner »

Accompli

(anâ) istaxrabt
(inta) istaxrabt
(inti) istaxrabti
(hû) istaxrab
(hî) istaxrabat
(anîna) istaxrabna
(intu) istaxrabtu
(humman) istaxrabo

Inaccompli

(anâ) nistaxrab
(inta) tistaxrab
(inti) tistaxrabe
(hû) yistaxrab
(hî) tistaxrab
(anîna) nistaxrabo
(intu) tistaxrabo
(humman) yistaxrabo

Impératif : *istaxrab, istaxrabe, istaxrabo.*

Se conjuguent sur le même modèle :

ista'mar / yista'mar	coloniser
ista'zan / yista'zan	demander la permission
istahbal / yistahbal	plaisanter
istahlam / yistahlam	jouir d'un rêve
istakbar / yistakbar	être orgueilleux
istawfar / yistawfar	demander pardon à Dieu

TROISIÈME PARTIE

SYNTAXE

10
La détermination du nom et le complément du nom

La détermination ne peut se définir pratiquement que par opposition à l'indétermination dans laquelle le mot se présente à l'état nu, comme, par exemple, dans : *bêt* « maison », *rijil* « pied », *kitâb* « livre ».

A. La détermination du nom

Un nom est déterminé :

1. quand il est précédé de l'article

    al banbar   le tabouret
    al watîr   le véhicule

2. quand il comporte en lui-même sa propre détermination, comme c'est le cas pour les noms propres :

    Tcâd   le Tchad
    Mûsa   Moussa

3. quand il a un complément déterminé
   Ceci fait l'étude du paragraphe suivant.

B. Le complément du nom

I. Le complément du nom peut être un pronom personnel suffixe

kitâbi « mon livre », (litt. : « le livre de moi »)
buyûthum « leurs maisons », (litt. : « les maisons d'eux »)

Un nom qui est déterminé par un pronom suffixe complément ne prendra donc jamais l'article.

II. Le complément du nom peut être un nom (ou plusieurs) mis en état d'annexion

L'annexion consiste en la juxtaposition d'un ou plusieurs noms mis ainsi en relation les uns avec les autres.

kutub al-lekkôl	les livres de l'école
bâb bêt Mahammat	la porte de la maison de Mahamat
râs wilêdah	la tête de son enfant
danab xanamay	une queue de mouton.

1. Lorsque le dernier terme de l'annexion est déterminé, il détermine aussi tous les termes précédents.

bêt « une maison », est un nom commun indéterminé,
Mahammat « Mahammat », est un nom propre, donc déterminé,
bêt Mahammat signifie : la maison de Mahammat.

Rappel : Quand un nom est déterminé par un complément, il ne porte jamais l'article.

Ce système d'annexion n'est pas limité à deux termes :

bêt Mahammat	la maison de Mahammat
bâb bêt Mahammat	la porte de la maison de Mahammat
muftah bâb bêt Mahammat	

la clé de la porte de la maison de Mahammat.

Mais, lorsqu'une annexion a plus de deux termes, on utilise de préférence le complément du nom introduit par *hanâ (hint)*. Voir ci-dessous.

2. Lorsqu'on veut signifier l'indétermination du premier terme d'une suite de compléments mis en annexion, il faut utiliser une autre tournure.

Pour signifier : « un frère de Fatimé » (et non « le frère de Fatimé »), on dira : *axu min axwân Fâtime* (litt. : « un des frères de Fatimé »).

De même :

wilêd min iyâl Mûsa	un enfant de Moussa
kalib wâhid min al bêt	un chien de la maison.

3. Quand le dernier terme de l'annexion est indéterminé, l'ensemble de l'annexion est indéterminé.

dihin fûl	huile d'arachide
danab bagaray	une queue de vache
râs sukkar	un pain de sucre
kôrit laban	un koro de lait
dagîg masar	de la farine de maïs.

III. Le complément du nom peut être introduit par une préposition

Le cas le plus fréquent est celui d'un nom introduit par *hanâ, (hint)*.

D'autres prépositions (*min, lê, be...*) peuvent introduire un complément de nom et former ainsi, tout comme *hanâ*, un groupe prépositionnel. Voir pp. 193-195.

– *hanâ, (hint)*. Cette préposition est une création de l'arabe tchadien à partir du mot *hanâ* ou *hana(t)* venant de la racine **hnw* et signifiant « chose » en arabe classique[1]. Ce mot n'est désormais utilisé en arabe tchadien que pour la formation du complément du nom ; il permet d'introduire des nuances dans le complément déterminatif, et sa construction obéit aux mêmes règles de détermination du premier terme que celles qui jouent dans l'annexion.

---

1. Le dictionnaire de Kazimirski, p. 1454, note plus précisément à l'article *hana(t)* : « propriété bonne ou mauvaise que l'on remarque dans quelque chose ».

– *kalib al binêye* « le chien de la fille », c'est-à-dire : le chien qui appartient à la fille ;
kalib hanâ l binêye « le chien de la fille », (litt. : « le chien, chose de la fille, qui ne lui appartient pas forcément »).

– *bêt Mûsa* (la maison de Moussa), c'est-à-dire : la maison qui appartient à Moussa ;
bêt hanâ Mûsa (la maison de Moussa), c'est-à-dire : la maison où il demeure, mais dont il n'est pas forcément le propriétaire.

– *laham al-jazzâri* « la chair du boucher »
laham hanâ l-jazzâri « la viande que vend le boucher ».

Remarque : La langue a tendance à privilégier actuellement le complément déterminatif avec *hanâ* et à ne plus respecter les nuances exprimées ci-dessus.

hanâ est ainsi utilisé :

• pour éviter la succession de plus de deux termes de l'annexion
Au lieu de dire *muftah watîr abui* « la clé de la voiture de mon père » on dira de préférence *muftah hanâ watîr abui*, qui a le même sens.

• pour lever une possibilité d'ambiguïté lorsque le complément du nom a un qualificatif

bêt Mûsa l kabîr peut signifier : « la maison du grand Moussa » (*bêt Mûsa l kabîr*) ou « la grande maison de Moussa » (*bêt Mûsa l kabîr*).

Tout dépend de la très légère pause après le 1er ou le 2e terme de la phrase. Cette difficulté est désormais levée par l'utilisation et la place de *hanâ* dans la phrase.

al bêt al kabîr hanâ Mûsa   la grande maison de Moussa
bêt hanâ Mûsa l kabîr   la maison du grand Moussa.

• pour traduire la préposition française « de ».
Voir les exemples de la préposition « *hanâ* » pp. 100-101.

Ce mot *hanâ* frappe par sa fréquence les auditeurs de la radio non encore habitués au style des communiqués.

Madam Amîna Mûsa tiballix lê axawânha **hanâ** *Ridîna wa* **hanâ** *Bakara wa* **hanâ** *Kilêsum, tugûl lêhum : sadaxa* **hint** *al arba'în* **hanâ** *xâlitaha tabga be yôm al-juma'a.* (communiqué diffusé par la Radio nationale du Tchad le 8/10/87).

Madame Amina Moussa fait savoir à ses frères du quartier Ridina, du village de Bakara et de Kiléssoum que le sacrifice du quarantième jour du décès de sa tante maternelle aura lieu vendredi.

IV. Niveaux stylistiques

Seul l'usage permettra de distinguer la finesse des nuances que l'on trouve dans les syntagmes suivants pour signifier « le frère de Zénaba » :

axu hanâ Zênaba	tour normal
axûha lê Zênaba	tour expressif, emphatique
axu lê Zênaba	tour relâché
axu Zênaba	tour influencé par l'arabe classique.

11

Le groupe nominal

Nous appelons groupe nominal le groupe de mots formant dans la phrase une unité dont l'élément essentiel est le nom (ou le pronom qui remplace le nom).

Bêt Xadije ba'îd.	La maison de Khadidjé est éloignée.
Al-râjil da zên.	Cet homme est bon.
Anîna masâkîn.	Nous sommes des gens simples.

A. Les constituants du groupe nominal

Le nom pouvant être indéterminé ou déterminé, les constituants du groupe nominal pourront être eux aussi :

⇨ *indéterminés*
* nom commun

⇨ *déterminés par* :
* nom propre
* nom commun
  • déterminé par l'article

al wilêd	l'enfant
al kitâb	le livre
al-nimle	la fourmi

- suffixé par un pronom personnel

wilêdah	son enfant
kitâbna	notre livre

- suivi d'un complément
  – mis en état d'annexion

râs wilêdah	la tête de son enfant
kutub al-lekkôl	les livres de l'école

  – introduit par une préposition

bêt hanâ Mûsa	la maison de Moussa

* pronom personnel isolé
* pronom démonstratif.

B. Les qualificatifs du groupe nominal et leur accord

Le groupe nominal peut être qualifié :

par un adjectif qualificatif
par un adjectif démonstratif
par un adjectif qualificatif suivi d'un adjectif démonstratif.

Le qualificatif du groupe nominal s'accorde en genre, en nombre, et en détermination avec le nom ou le pronom qu'il qualifie (son épithète).

cadaray tawîle	un grand arbre
Mûsa l karîm	Moussa le généreux
bêti l kabîr	ma grande maison
al binêye l-samhe	la jolie fille.
al-râjil da	cet homme
binêytah di	sa fille que voici
humman dôl	eux que voici
wilêd axti da	ce neveu (litt. : « ce fils de ma sœur »).

iyâl al-lekkôl al-dugâg dôl
ces petits enfants de l'école

inta l-zên da
toi qui es bon, (litt. : « toi, ce bon. »)

N.B. L'adjectif démonstratif, étant en lui-même déterminé, n'a pas besoin d'être précédé de l'article.

L'usage apprendra qu'il y a des noms pluriels qui provoquent un accord de leur qualificatif au féminin singulier, apportant une nuance d'austérité ou de souffrance devant une situation pénible.

al-sinîn al murra al fâtat (et non *al murrîn*)
les années amères qui sont passées[1]

al ayyâm al-tawîla fî wakit al-ju'
les longues journées du temps de la famine

al hurûb al-cêne
les vilaines guerres

al xarâyif al fasle
les mauvaises saisons des pluies

al furgân al magtu'a
les campements qui ont été coupés des autres (par la guerre ou les inondations).

Mais on dira aussi :

Sinîn katîrîn fâto.
De nombreuses années passèrent.

---

1. Les « années amères » désignent les années de guerre entre 1979 et 1986.

C. Les constituants du groupe nominal et de ses qualificatifs

Groupe nominal　　　　　　　　　　　　　**Qualificatifs**

| nom commun indéterminé | adjectif indéterminé |

| nom propre |

| un nom commun avec l'article | adjectif déterminé |

| Nom commun déterminé par un pronom personnel |

| nom avec un complément en état d'annexion | adjectif démonstratif |

| Nom avec un complément introduit par une préposition |

| Pronom personnel isolé | qualificatif déterminé suivi par un démonstratif |

| Pronom démonstratif |

Chacun des dix-neuf numéros apposés aux constituants du groupe nominal et de ses qualificatifs renvoie aux exemples ci-dessous.

1. *hille kabîre*   un grand village
   râjil zên   un homme bon

2. *Mûsa l-saxayar*   le petit Moussa
   Maryam al kabîre   la grande Mariam

3. *Abdullay da*   cet Abdoulaye
   Mahammat dôl   ceux de l'entourage de Mahamat

4. *Ali l karîm al-zên da*   ce bon et généreux Ali
   Xadîje l kabîre l-sahme di   cette grande et belle Khadidja

5. *al-râjil al karîm*   l'homme généreux
   al-sultân al karîm al-zên   le bon et généreux sultan

6. *al kitâb da*   ce livre
   al binêye di   cette fille

7. *al mara l karîme di*   cette femme généreuse
   al-sultân al kabîr da   ce grand sultan

8. *wilêdah al mardân*   son enfant malade
   arnabaytak al-dalûla   ton lièvre apprivoisé

9. *kitâbak da*   ton livre que voici
   awînku dôl   vos femmes que voici

10. *al-juwâd al bâtil da*   ce cheval maigre
    al bêt al kabîr al-sameh da   cette grande et belle maison

11. *râs al xanamay al kabîr*   la grosse tête du mouton
    binêyit al-sultân al-saxayre   la petite fille du sultan

12. *wilêd axti da*   ce neveu (litt. : « ce fils de ma sœur »)
    iyâl al-lekkôl dôl   ces écoliers

13. *danab al bagaray al-samîn da*
cette grasse queue de vache

marit jâri l kabîre di
cette première femme de mon voisin

14. *daktôr hanâ l iyâl al-zên* le bon pédiatre[2]
    axuha lê Fâtime l kabîr le grand frère de Fatimé

15. *daktôr hanâ l iyâl da* ce pédiatre
    axûha lê Fâtime da ce frère de Fatimé

16. *daktôr hanâ l iyâl al-zên da* ce bon pédiatre
    axûha lê Fâtime l kabîr da ce grand frère de Fatimé

17. *inta l kaddâb* toi le menteur
    intu l kubâr vous les grands

18. *hû da* lui que voici
    humman dôlak ceux qui sont là-bas

19. *humman al-nihisîn dôl* ces gens têtus
    hû l-zên da ce brave homme,
    (litt. : « lui, ce bon »)

Attention :
Il est important de bien remarquer que, dans les exemples 13-15 ci-dessus, ce sont les noms soulignés qui sont qualifiés. Si c'était le complément du nom qui était qualifié on aurait :

danab al bagaray al-samîne di la queue de cette grasse vache
daktôr hanâ l iyâl dôl le docteur de ces enfants
axûha lê Fâtime di le frère de cette Fatimé.

---

2. Litt. : « docteur des enfants ».

12

Le groupe prépositionnel

Le groupe prépositionnel est formé d'un groupe nominal précédé d'une préposition.

fî l-sûg	au marché
giddâmi	devant moi
usut al hille (réalisé [ustalhille])	au milieu du village
alê l-labtân	vers l'hôpital
be bîk ahmar	avec un bic rouge
ma'â l-sarrâgîn al hawânîn dôl	avec ces méchants voleurs
misil wilêd axtah al-saxayre	comme le fils de sa petite sœur
ma'â axu rafigah	en compagnie du frère de son ami
fî badal hanâ l-juwâd al-sameh da	en échange de ce beau cheval),

Voir d'autres exemples dans la partie de la morphologie concernant les prépositions, pp. 95-105.

A. Statut spécial de « *indi* »

« *ind-* », au sens de « chez, auprès de », est une préposition de l'arabe classique que l'on ne rencontre dans l'arabe tchadien qu'avec les pronoms personnels suffixes pour exprimer la possession.

Indi wilêd « j'ai un enfant » (litt. : « chez moi un enfant »).

« *ind-* » avec un pronom suffixe fonctionne comme un groupe prépositionnel. Il est le prédicat d'une phrase nominale et se place avant le sujet indéterminé. (Voir l'ordre des constituants dans la phrase nominale, p. 199.)

Indiki	*wilêd*	*mardân*
avec toi (fém.)	enfant	malade
PRÉDICAT		SUJET

Indak	*galam*	*sameh*
avec toi (masc.)	crayon	beau
PRÉDICAT		SUJET

Al bâb	*indah*	*farfar*	*sameh*
la porte	avec elle	store	beau
THÈME	PRÉDICAT		SUJET

Un pronom personnel isolé peut spécifier le possesseur :

Anâ indi gurus ciyya.
Moi, j'ai très peu d'argent.

Lorsque, en français, le complément du verbe « avoir » est déterminé, on renverse ou on transforme la structure :

As-tu la grosse clé ?
Al muftah al	*kabîr*	*indak*	*wallâ ?*
la clé qui	grande	avec toi (masc.)	ou bien ?
SUJET		PRÉDICAT	INTERROGATION

On peut dire aussi :

Al muftah al kabîr ma'âk wallâ ?
As-tu la grosse clé ?

Al kitâb da, indi.
Le livre ce avec moi
J'ai ce livre.

On peut dire aussi :

Ligit al kitâb da.
Al kitâb da, ma'âi.
J'ai ce livre.

N.B. La traduction française est quelquefois obligée de mettre l'article là où, en arabe, le sujet de *indi* est indéterminé.

Indi   hazz.
avec moi   chance
J'ai de la chance. (Et non pas : « j'ai une chance ».)

B. Rappel

Le groupe prépositionnel peut être un constituant du groupe nominal, en étant juxtaposé à un nom dont il est alors le complément. (Voir p. 183.) Comme nous l'avons vu, il peut remplacer le procédé d'annexion simple.

Da xâtim dahab.   C'est une bague en or.
Da xâtim hanâ dahab.   C'est une bague en or.
Da xâtim min dahab.   C'est une bague en or.

De même on trouvera :

Amci, nadi l-daktôr lê l iyâl !
Pars appeler le pédiatre ! (Litt. : « le médecin pour les enfants »)

Al-laban be sukkar halu.
Le lait sucré est délicieux.

Al katib be faham mâ sameh.
Ecrire avec du charbon, ce n'est pas bien.

Hû da âtil fi l kalâm.
Celui-ci n'est pas doué pour la parole. (Litt : « celui-ci (est) fainéant dans la parole. »)

Hî kabîre fi l-laday.
Elle est experte en cuisine (et non pas « elle est grande dans la cuisine »).

13

La phrase nominale

La phrase nominale est une phrase qui n'a pas de verbe.

Elle est composée d'un sujet et d'un prédicat non verbal.

A. Sujet en première position

Le sujet de la phrase nominale, lorsqu'il est en première position, ne peut être que :

- un nom déterminé[1]

<u>Al-nôm al katîr</u>   <u>mâ sameh</u>.   Trop dormir n'est pas bon.
   S   P

<u>Al humâr</u> <u>nihis</u>.   L'âne est têtu.
  S   P

<u>Âdum</u> <u>tayyib</u>.   Adoum est bien portant.
  S   P

<u>Naga'at al xêl</u> <u>garîbe</u>.   L'hippodrome est proche.
     S   P

---

1. Voir chap. sur la détermination du nom p. 181.

● ou un pronom

Hû mardân. Il est malade.
 S   P

Di xanamay. C'est un mouton.
 S   P

Dôlak sumân. Ceux-là sont gras.
  S   P

B. Prédicat

Le prédicat de la phrase nominale peut être :

● un nom, un adjectif, un participe, un groupe nominal, un pronom – à l'exception du pronom démonstratif (voir le tableau des constituants du groupe nominal, p. 190) – ou un groupe pronominal :

Al kalib da hawân.	Ce chien est méchant.
Mahamat wilêd Âdum.	Mahamat est le fils d'Adoum.
Hî binêyitha.	Elle est sa fille.
Da hû.	C'est lui.
Al-juwâd da hanâ l-sultân	Ce cheval est au sultan.

Wahade, usumha Maryam, wa l âxara, usumha Zênaba.
L'une s'appelle Mariam, et l'autre s'appelle Zénaba.
(Litt : « une, son nom, Mariam, et l'autre, son nom, Zénaba. »)

Rafîgi, axuh daktôr.
Mon ami, son frère est docteur.

Al mardân da, râsah hâmi.
Ce malade, sa tête est chaude.

N.B. Les trois dernières phrases ci-dessus font l'objet d'une thématisation du complément de nom du sujet ; les phrases non thématisées auraient été :

Usum wahade, Maryam.
L'une s'appelle Mariam.

LA PHRASE NOMINALE

Axu rafigi, <u>daktôr</u>.
Le frère de mon ami est docteur.

Râs al mardân da, <u>hâmi</u>.
La tête de ce malade est chaude.

• un groupe prépositionnel

Râjili <u>fî l bêt</u>. Mon mari est à la maison.
Al-jidâde <u>tihit dull al-cadaray</u>. La poule est à l'ombre de l'arbre.

C. Ordre des constituants de la phrase nominale

1. Lorsque le sujet de la phrase est déterminé (voir « la détermination » p. 181), celui-ci se trouve en première position dans la phrase nominale.

Al-câhi fî l barrâd.
Le thé est dans la théière.

Dukkân abu Zênaba malyân xumam.
La boutique du père de Zénaba est pleine de marchandises.

2. Mais, lorsque le sujet de la phrase nominale est indéterminé, celui-ci se trouve mis en deuxième position derrière le prédicat[2] (sauf dans le cas où *fî* fonctionne comme prédicat d'existence, voir p. 201).

<u>Jamb bêtak</u> <u>godâla</u>. Un cabaret est à côté de chez toi.
   P   S

<u>Fî l-sûg</u>[3] <u>sarrâgîn</u>. Il y a des voleurs au marché.
  P   S

<u>Indi</u> <u>wilêd</u>. J'ai un enfant.
 P   S

---

2. Dans ce cas, le prédicat est un « groupe prépositionnel », voir p. 193.
3. *Fî* n'est pas ici un prédicat d'existence, mais une préposition formant le groupe prépositionnel « dans-le-marché ».

D. L'accord

Il y a toujours accord entre le sujet et le prédicat de la phrase nominale.

Lorsque l'adjectif est le prédicat de la phrase nominale, c'est-à-dire lorsqu'il est attribut, il s'accorde avec le sujet en genre et en nombre, mais il ne prend jamais l'article, même si le sujet est déterminé.

<u>Al wilêd</u> <u>mardân</u>.　　　L'enfant est malade.
  S   P

<u>Al fanâjîl</u> <u>kubâr</u>.　　　Les verres sont grands.
  S   P

<u>Al banât</u> <u>taybîn</u>.　　　Les filles sont bien portantes.
  S   P

<u>Al wilêd</u> <u>mardân fi l bêt</u>.　　L'enfant est malade à la maison.
  S   P

<u>Al wilêd al mardân</u> <u>fi l bêt</u>.　　L'enfant malade est à la maison.
  S   P

<u>Wilêd al mardân</u> <u>fi l bêt</u>.　　L'enfant du malade est à la maison.
  S   P

<u>Fi l bêt</u> <u>wilêd mardân</u>.　　Il y a un enfant malade dans la maison.
  P   S

E. Le statut de « *fî* »

La préposition « *fî* », prédicat d'existence, fait l'objet d'un statut spécial.

1. *Fî* fonctionne comme « prédicat d'existence ».

Almi fî ? – Aywâ, almi fî.
Est-ce qu'il y a de l'eau ? – Oui, il y a de l'eau.

Nâdum fî ? – Aywâ, nâdum fî.
Est-ce qu'il y a quelqu'un ? – Oui, il y a quelqu'un.

2. Dans les phrases nominales négatives *fî*, « prédicat d'existence », est généralement accompagné d'un pronom de rappel.

Binêytak mâ fîha.
Ta fille est absente.

Hummân mâ fîhum, hini nâdum mâ fîh.
Ils sont absents, il n'y a personne ici.

Inta jit wa anâ mâ fîni.
Tu es venu chez moi et j'étais absent.

Anâ jit bêtak wa inta mâ fik.
Je suis venu chez toi et tu étais absent.

3. *Fî* peut se placer en tête de phrase, commençant un conte ou un discours. Il se traduit par « il y a ». Dans ce cas la phrase est complexe. Elle est composée de deux propositions juxtaposées.
La phrase complexe introduite par *fî* peut être ainsi schématisée :

Phrase complexe					
PROPOSITION 1			PROPOSITION 2		
phrase nominale			*phrase nominale ou verbale*		
PRÉDICAT	SUJET		SUJET		PRÉDICAT
Fî	*wilêd*	*wâhid*	*ammah*		*massâsa*
il y a	enfant	un	mère-lui		sorcière

Fî wilêd wâhid, ammah massâsa.
Il y a / il y avait un enfant dont la mère est / était sorcière.

Fî binêye wahade, xannat yôm al 'îd.
Il y a une fille qui a chanté le jour de la fête.

Fî râjil, indah awîn talâte.
Il y avait un homme qui avait trois femmes. (Début d'un conte.)

Fî rujâl wahdîn, induhum awîn talâte.
Il y a certains hommes qui ont trois femmes.

N.B.   *Fî (fîh)* en tête de phrase permet l'emphase ou l'insistance sur le sujet de la phrase. Il est souvent renforcé en « *fîyah* » dans la récitation des contes.

14

Le groupe verbal

Le groupe verbal est l'ensemble verbe-complément dont le constituant essentiel est le verbe. La fonction du verbe est celle de prédicat (P).

<u>Al-daktôr</u> <u>cirib</u> marîse.   Le docteur a bu de la bière de mil.
   S   P

A. Le verbe

I. L'aspect du verbe

Les linguistes et grammairiens de l'arabe classique disent que, dans cette langue, le verbe exprime plutôt l'aspect de réalisation du procès (de l'action) et moins le temps situé tel que nous le connaissons en français. Il en est de même pour l'arabe tchadien qui connaît pour ses verbes deux aspects :
– l'accompli, qui énonce un procès (état ou action) réalisé,
– l'inaccompli, qui énonce un procès (état ou action) en cours de réalisation ou qui se répète.

1. L'accompli

Il exprime :

• une action (ou un état) réalisée dans un passé non situé, proche ou lointain

Bêtah alkassar.   Sa maison s'est écroulée.
Ja wa akal katîr.   Il est venu et il a beaucoup mangé.
Bigi mardân.   Il est devenu malade.

• une action qui est décidée ou qui vient de commencer

Xalâs, anâ macêt.   Bien, je m'en vais.
Ha, inta jît xalâs !   Ha, tu arrives enfin !

• le temps de la narration d'un événement passé

Al-derib bigi hawân, al-cifêr assar al makana, daxal cadîd fi l almi, wa watîrah wihilat.
Le chemin est devenu mauvais, le chauffeur a emballé le moteur, il est entré avec force dans l'eau, et sa voiture s'est embourbée.

• une condition (après *kan*) posée à propos d'une situation qui normalement doit se réaliser. *Kan* se traduit alors par « si » dans le sens de « quand, chaque fois que ». (Voir p. 245.)

Kan macat fi l-sûg, taciri lêi halâwa.
Si elle va au marché, elle m'achètera des bonbons.

Kan maragti min al bêt nadrubki.
Si tu sors de la maison, je te frapperai.

Kan almi sabba namci nitêrib.
S'il pleut, je pars semer.

2. L'inaccompli

Il exprime :

- un procès inachevé non situé dans le temps

Al amm tigôgi wilêdaha al yidôr yunûm.
La mère porte sur le dos son enfant qui veut dormir.

- la concomitance, la durée, la répétition (présent d'habitude)

Ba'âd câf al-sarrâg bajiri, bajiri kê..., namma karabah.
Après avoir vu le voleur, il a couru à toutes jambes jusqu'à ce qu'il l'ait attrapé. (Litt. : « ... il court, il court... »)

Zamân al banât mâ bamurgu barra.
Autrefois les filles ne sortaient pas. (Litt. : « ... ne sortent pas dehors. »)

Al-rujâl marago bidôru banât.
Les hommes sortirent chercher des filles. (Litt. : « ... ils veulent des filles. »)

Al xûl kan caf binêye bas yakrubha.
Dès qu'un ogre voit une fille, il l'attrape. (Litt. : « Si l'ogre a vu une fille, il l'attrape. »)

Maca bifattic nâr, burûx fî l-hallâl.
Il est parti chercher du feu, il court dans les villages. (Litt. : « Il est parti il cherche du feu... »)

Kulla yôm nâkulu êc.
Tous les jours nous mangeons de la boule.

- le temps de la description de l'action et du dialogue dans les contes

Fîya binêye, axwânha bugûlu lêha : abûki bidôr bijawwizki.
Il y avait une fille, ses frères lui avaient dit : ton père veut te marier.

Abunjôran daxal fî l kirce hanâ l xûl ; illa bagta bas, butucc wa bâkul. Al xûl bugûl : « Hay ! mâ tagta', kafa ! Tamrug rûhi tara ! »
Le scarabée est entré dans l'estomac de l'ogre ; il ne fait que couper, griller et manger. L'ogre dit : « Aïe ! Arrête de couper, cela suffit ! Tu m'ôtes la vie, sapristi ! »

• après *kan*, la condition d'une action qui peut ne pas se réaliser. *Kan* se traduit alors par « si », mais dans le sens de « s'il arrive que, si jamais ».

Kan tamurgi min al bêt, kallimîni.
Si jamais tu sors, dis-le moi.

Battân kan tigaddif amrug barra.
Si tu vomis encore, sors dehors.

Remarque sur les préfixes *ya-* et *ba-*

Les préfixes « *ya-* » et « *ba-* », à la troisième personne du verbe au singulier ou au pluriel, peuvent apporter des nuances dans l'expression de la « probabilité » exprimée par l'inaccompli.

Le préfixe « *ya-* » serait davantage employé pour exprimer un moment dans lequel une action (ou un état) peut se réaliser mais d'une manière peu probable ou n'allant pas dans le sens de ce que pense le sujet parlant.

Hû yabki.
Il pleurera (mais ce n'est pas sûr, et on ne le souhaite pas).

Al yôm al ijtima' yabga.
Aujourd'hui se tiendra la réunion (on espère qu'elle aura lieu).

Yagdar yaxadim.
Il peut travailler (mais on ne connaît pas ses capacités).

Le préfixe « *ba-* » serait davantage employé pour exprimer un moment dans lequel l'action a de fortes chances de se réaliser ou va dans le sens de ce que pense le sujet parlant.

Al yôm al ijtima' babga.
Aujourd'hui se tiendra la réunion (c'est sûr, et on tient à ce qu'il y ait beaucoup de monde).

Bagdar baxadim.
Il peut travailler (on connaît ses capacités).

Hû baji.
Il viendra (c'est sûr, on l'attend).

Ces nuances sont souvent imperceptibles. De plus, le choix du préfixe « *ba-* » ou « *ya-* » semble être de plus en plus commandé par la facilité de l'articulation, par harmonie vocalique ou consonantique.

On trouvera « *ya-* » très souvent après un mot terminé par « *a* » ou « *i* » ou si le verbe qui précède commence par « *ya-* » ou « *yi-* ».

Mâ yâkul.	Il ne mange pas.
Xallih yikallim	Laisse-le parler.
Yidôr yadrubni.	Il veut me battre.

On trouvera « *ba-* » très souvent après les mots terminés par les voyelles « *o* » ou « *u* », ou si le verbe qui précède commence par « *ba-* » ou « *bi-* » :

Jo bahalbu.	Ils vinrent traire.
Cunû bidôrah ?	Qu'est-ce qu'il veut ?
Bagdar batala.	Il peut grimper.

3. L'inchoatif

Pour exprimer le commencement d'une action, on utilise le verbe auxiliaire *gamma / yugumm*, suivi du verbe d'action.

Askut, al wilêd gamma bunûm.
Tais-toi, l'enfant a commencé à dormir.

Yugumm yajiri.
Il se met à courir.

Gammêtu dihiktu wa ba'adên bakêtu.
Vous vous êtes mis à rire, puis vous avez pleuré.

Pour exprimer la cessation d'une action on emploie le verbe *kammal / yikammil* « achever, terminer », ou le verbe *wigif / yagîf min* « s'arrêter de » suivi du nom d'action.

Hî tikammil al xasîl.
Elle achève de laver.

Kammalna l xidime amis.
Nous avons achevé de travailler hier.

Al wilêd wigîf min al akil.
L'enfant s'est arrêté de manger.

Wigifo min al xidime.
Ils ont cessé de travailler.

Agîf min al fasâd !
Arrête-toi de faire le mal !

4. Le progressif (voir le participe actif, p. 66)

L'auxiliaire *gâ'id* est le participe actif du verbe *ga'ad / yagôd* « demeurer, rester, être là ». Devant un autre verbe à l'inaccompli, cet auxiliaire indique qu'une action ou un état est en cours, il se traduit par « être en train de ».

Al wilêd gâ'id yabki.	L'enfant est en train de pleurer.
Al mara gâ'ide tudugg al xalla.	La femme est en train de piler le mil.
Intu gâ'idîn tifakkuru cunû ?	A quoi êtes-vous en train de penser ?

5. L'immédiat

Pour exprimer l'immédiat, rendu en français par les expressions « à l'instant », « venir juste de », « être sur le point de », on utilise la locution *hassâ bas* (litt. : « maintenant seulement »).

– *Hassâ bas* devant un participe actif traduit un présent immédiat.

Al watîr hassâ bas mâci.	Le véhicule part tout de suite.
Hassâ bas jâyi.	Il arrive à l'instant.

– *Hassâ bas* devant un inaccompli traduit un futur immédiat.

Al watîr hassâ bas bamci.	Le véhicule est sur le point de partir.
Hassâ bas baji.	Il est sur le point d'arriver.

– *Hassâ bas* devant un accompli traduit un passé immédiat.

Al watîr hassâ bas maca.	Le véhicule vient juste de partir.
Hassâ bas ja.	Il vient d'arriver.

II. Le temps

Bien que l'aspect du verbe soit plus important que la notion de temps, divers procédés permettent de préciser le moment où se déroule l'action par rapport au sujet parlant.

1. Dans la phrase nominale

• La phrase nominale donne un aspect statique de la réalité qu'elle décrit, elle ne commporte donc en elle-même aucune notion de « temps situé ».

Karal hille kabîre.	Karal est un gros village.
Âdum râjil.	Adoum est un homme.
Al-sukkar halu.	Le sucre est délicieux.

Dans chacun de ces exemples le verbe « être », en français, n'est qu'une copule liant le sujet au prédicat, sans référence au temps du sujet parlant.

• Le temps dans la phrase nominale sera donc exprimé par des adverbes de temps (ou des locutions) qui situeront l'action (ou l'état) dans le passé, le présent, ou le futur (voir les adverbes de temps p. 110).

Amis, anâ indi xidime katîr.	Hier, j'avais beaucoup de travail.
Hassâ axûk, âfîtah kikkêf ?	A présent, comment va ton frère ? (Litt. : « Ton frère, sa santé est comment ? »)
Ambâkir sûg mâ fîh.	Demain il n'y aura pas de marché.

2. Dans la phrase verbale

• Le temps de l'action (ou de l'état) se situant dans le temps présent du sujet parlant, se rend par le participe actif.

Mâci wên ?	Où vas-tu ? (Litt. : « Où es-tu allant ? »)
Al xanam gâ'idîn fî l-derib.	Les moutons sont sur la route) (Litt. : « restant sur la route. »)
Al binêye râgde fî l biric.	La fille se repose sur la natte. (Litt. : « se reposant sur la natte. »)

• Le temps de l'action (ou de l'état) se situant dans le temps futur du sujet parlant, se rend par l'inaccompli et se précise au besoin par des adverbes de temps ou des locutions.

Nijawwizki, wa nabni lêki bêt jadîd.
Je t'épouserai et je te construirai une maison neuve.

Ba'ad da, tamci fî bêt rufugânak wa tikallim ma'âhum.
Après cela, tu iras chez tes amis et tu parleras avec eux.

Agîf ciya, namci ma'âk lâkin ni'ôri ammi ambâkir nigabbil.
Attends un peu, je partirai avec toi, mais je vais avertir ma mère que je reviendrai demain.

• Le temps de l'action (ou de l'état) se situant dans le temps passé du sujet parlant, se rend par l'accompli et se précise au besoin par des adverbes de temps ou des locutions.

Akalna jidâde kabîre wa numna.
Nous avons mangé une grosse poule et nous avons dormi.

Al-sane l fâtat, al banât mâ marago lê l-li'ib.
L'année dernière, les filles ne sont pas sorties pour danser.

Anâ jît min Mongo amis.
Je suis venu de Mongo hier.

B. Le complément

I. Le complément suffixé au verbe

Le complément peut être un pronom personnel. Dans ce cas il est suffixé au verbe. En position de complément, le pronom suffixé se présente de la même manière que le pronom personnel suffixé au nom, sauf en ce qui concerne la première personne du singulier. (Voir tableau des pronoms personnels p. 86.)

Nous avons ainsi :

Singulier   après V-   après C-   après CC-

1ère pers.		moi	-ni	-ni	-îni
2e pers.	masc.	toi	-k	-ak	-ak
	fém.		-ki	-ki	-ki
3e pers.	masc.	lui	-h	-ah	-ah
	fém.	elle	-ha	-ha	-aha

Pluriel

1ère pers.	nous	-na	-na	-îna
2e pers.	vous	-ku	-ku	-uku
3e pers.	eux	-hum	-hum	-uhum

Exemples de pronoms suffixés après une voyelle :

ramâni	il m'a jeté à terre		*tarmîni*	tu me jetteras à terre
ramôk	ils t'ont jeté à terre		*ramâki*	il t'a jeté à terre
tarmih	tu le jetteras à terre		*tarmîhum*	tu les jetteras à terre.
tarmûha	vous la jetterez à terre		*ramôku*	ils vous ont jetés à terre
ramêtûna	vous nous avez jetés à terre.			

Exemples de pronoms suffixés après une consonne :

yaktulni	il me tuera		*yaktulak*	il te tuera
yaktulki	il te tuera		*yaktulah*	il le tuera
yaktulna	il nous tuera		*yaktulha*	il la tuera
yaktulhum	il les tuera		*yaktulku*	il vous tuera.

Exemples de pronoms suffixés après deux consonnes :

sallamtîni	tu m'as salué		*sallamtak*	je t'ai salué
sallamtiki	je t'ai saluée		*sallamtah*	je l'ai salué[1]
sallamtaha	je l'ai saluée		*sallamtîna*	tu nous as salués
sallamtuku	je vous ai salués		*sallamtuhum*	tu les as salués.

---

1. *Sallamtah* peut aussi signifier : « tu l'as salué » car *sallamt* signifie : « j'ai salué » ou « tu as salué ».

Rappel : La désinence de la troisième personne de l'accompli du verbe est un « *â* » qui n'apparaît que lorsque le verbe a un pronom suffixe complément. (Voir Morphologie du verbe à l'accompli, p. 127.)

karab	il a attrapé	*karabâna*	il nous a attrapés
sallam	il a salué	*sallamâku*	il vous a salués
darab	il a frappé	*darabâhum*	il les a frappés.

II. Le complément non suffixé

● Le complément non suffixé peut être simple et formé par un groupe nominal ou une phrase :

Akalti êc.	Tu as mangé la boule.
Nicîf al binêye l-samhe di.	Je regarde cette jolie fille.
Kataltu l kalib al addâni.	Vous avez tué le chien qui m'avait mordu.
Ta'arif ammak ajûz.	Tu sais que ta mère est vieille.

● Le complément peut être double. Il est alors commandé par des verbes appartenant à la 1ère, 2e ou 4e forme, signifiant : « donner, communiquer, prendre pour... ». Dans la traduction française, le premier complément (O_1) est indirect, et le second (O_2) direct.

Antôni xulgân
  O_1 O_2
Ils m'ont donné des vêtements.

Wassif al amyân bêtah
         O_1 O_2
Montre à l'aveugle sa maison !

Yi'allim al iyâl al-sirge
            O_1 O_2
Il apprend aux enfants à voler.

III. La construction emphatique du complément

Pour mettre en emphase le complément d'objet, l'arabe tchadien a créé une structure originale : il le construit indirectement à l'aide d'une préposition *lê*, après l'avoir annoncé par un pronom complément suffixé au verbe.

Hû karab sarrâg.
Il a pris un voleur. (Non marqué.)

Al yôm, fî l-sûg, hû karabah lê l-sarrâg.
Aujourd'hui, au marché, il a attrapé <u>le voleur</u>. (Emphatique.)

Waddêt wilêd fî l-labtân.
J'ai emmené un enfant à l'hôpital. (Non marqué.)

Amîs, waddêtah lê wilêdi fî l-labtân.
Hier, j'ai emmené <u>mon enfant</u> à l'hôpital. (Emphatique.)

Remarque

Certains verbes, comme *anta*, *ôra*, *allam*, admettant deux compléments directs peuvent, sous l'influence d'un substrat linguistique non arabe, voir l'un de leurs deux compléments directs se transformer en complément indirect et donner naissance à trois types de phrases ayant une même signification.

« Adoum a donné de l'argent à sa femme » peut se traduire :

– par un tour ordinaire :   *Âdum anta martah gurus.*
– par un tour « influencé » : *Âdum anta gurus lê martah.*
– par un tour emphatisé :   *Âdum antaha lê martah gurus.*

IV. Les compléments circonstanciels

Ces compléments (de lieu, de temps, de cause, de manière, de but, etc.) sont formés à partir du groupe nominal précédé d'une particule. Nous renvoyons pour les exemples au chapitre sur les particules. Cf. p. 95.

15

La phrase verbale

La phrase verbale est composée d'un sujet et d'un prédicat verbal.

A. Le sujet

Le sujet nominal précède le verbe.

Al-rujâl ligo xazâlay.
  S
Les hommes ont trouvé une gazelle.

Al arnab mâ tâkul battân bittêx hanâ zura'itku.
  S
Le lièvre ne mangera plus les pastèques de vos champs.

En l'absence de sujet nominal, la désinence suffixée au verbe à l'accompli et le préfixe de l'inaccompli suffisent à indiquer le genre, le nombre et la personne du sujet.

na–xdumu	nous travaillons
ta–rgudu	vous vous reposez
xadam–na	nous avons travaillé
ragad–tu	vous vous êtes reposés

Lorsque le sujet est renforcé par le pronom personnel isolé, la phrase devient généralement emphatique :

Ambâkir nâkulu êc.   Demain, nous mangerons la boule.
Ambâkir anîna nâkulu êc.   Demain nous, nous mangerons la boule.

Il y a cependant des cas où le pronom personnel isolé ne donne pas à la phrase une tournure emphatique. Il ne fait alors qu'éviter une confusion de « personne » devant une forme verbale ambiguë :

Inta jît hassâ ?   Tu es arrivé tout de suite ?
Anâ jît amis !   Je suis arrivé hier !
Hî taxadim adîl.   Elle travaille très bien.
Inta taxadim hawân.   Tu travailles mal.

B. Le prédicat

Le prédicat est constitué par le groupe verbal, c'est-à-dire par un verbe avec ou sans complément.

<u>*Humman*</u>   <u>*alhânano*</u>.
   S   P
Ils se sont cajolés.

<u>*Wilêdak*</u> <u>*nâm*</u>.
   S   P
Ton enfant a dormi.

<u>*Al mahanna*</u> <u>*daxalat lê l awîn*</u>.
    S   P
La tendresse est venue aux femmes.

<u>*Al-jazzâra*</u> <u>*bagta'o l-laham mafsal mafsal*</u>.
   S   P
Les bouchers découpent les morceaux de viande suivant chaque articulation.

Al-dêf al-ji'ân akal êc katîr.
         S   P
L'hôte affamé a mangé beaucoup de boule.

C. Remarques

1. La phrase verbale peut avoir plusieurs sujets ; ils sont généralement coordonnés par *wa*, ou *walla*.

Al-salâm wa l baraka wa l amân jo fi bêthum.
La paix, la prospérité et la confiance se sont installées dans leur maison.

Âdum walla Fâtime, al-ja yâtu ?
Qui est venu, Adoum ou Fatimé ?

Dans la phrase verbale, le verbe s'accorde avec le sujet. Lorsqu'il en a plusieurs coordonnés par *wa*, il se met au pluriel ; le masculin l'emporte sur le féminin. Toutefois, lorsqu'il a pour sujet une suite de termes abstraits, il peut se mettre au singulier.

Al-nâs fakkaro kadar al-zina wa l-sadag mâ yanfo.
Al-nâs fakkaro kadar al-zina wa l-sadag mâ yanfa.
Les gens ont pensé que l'adultère et le concubinage ne menaient à rien de bon.

Lê hassâ, ju'na, fagurna wa asafna mâ yamurgu.
Lê hassâ, ju'na, fagurna wa asafna mâ yamrug.
Jusqu'à présent la faim, la misère et la pénurie ne nous ont pas quittés.

2. La phrase verbale peut aussi avoir plusieurs prédicats coordonnés par *wa*, ou *walla*.

Maryam xassalat wilêdha wa massahatah wa xattatah be l bâjo.
Mariam a lavé son enfant, l'a massé et l'a recouvert d'une couverture.

Yâ Acta ! Hassâ da, nacuru laham walla nadbaho jidâditki ?
Achta ! Alors, nous achetons de la viande ou nous égorgeons ta poule ?

16

Modification de la phrase simple

A. Les formes

I. L'affirmation

La phrase affirmative peut être nominale ou verbale. Voir chap. 13 et 15.

1. Pour répondre « oui », on utilise la particule *aywa* qui se place alors en tête de la réponse et peut, éventuellement, constituer à elle seule cette réponse.

– *Macêt fî l-sûg ?*	– Es-tu allé au marché ?
– *Aywâ !*	– Oui !
– *Mûsa mardân wallâ ?*	– Est-ce que Moussa est malade ?
– *Aywa, hû mardân !*	– Oui, il est malade !

Dans une conversation familière, *aywâ* peut être remplacé par l'interjection *ayye !*, *yô !*, *hâ !*, ou *hahâ !* qui sera plus ou moins nasalisée et suivra une prosodie tonale caractéristique.

– *Mahamat xani ?*	– Mahamat est riche ?
– Hâ ! [ha↗]	– Oui !
– *Indah awîn katîrîn ?*	– Il a de nombreuses femmes ?
– Ha hâ ! [ha↘ha↗]	– Oh oui !

N.B. Pour répondre « oui » lorsqu'on est appelé par son nom, on utilise la particule *na'am*.

– *Mahamat ?*   – Mahamat ?
– *Na'am !*   – Oui !

2. L'affirmation est souvent renforcée par *wallah*, *wallây* et *marra wâhid*.

Wallây est l'altération de *wa Allâhi* « par Dieu », et est employé en début de phrase presque comme un serment.

Wallây al-rujâl mâ adîlîn !
Vraiment les hommes ne sont pas droits !

Marra wâhid « une seule fois » est de plus en plus employé pour signifier « complètement, tout à fait, absolument ». Cette expression se place en fin de phrase, elle est souvent déformée par les arabophones non natifs en *marway*.

Hû sakrân marra wâhid, mâ yicîf.
Il est complètement saoûl, il n'y voit plus.

II. La négation

1. La négation s'exprime par *mâ* qui se place devant le prédicat de la phrase nominale ou verbale.

Al kalib da mâ hawân.	Ce chien n'est pas méchant.
Âdum mâ fîh.	Adoum n'est pas là.
Mâ indi kitâb.	Je n'ai pas de livre.
Mâ katabt ceyy.	Je n'ai rien écrit.
Anâ mâ ciribt laban.	Moi, je n'ai pas bu de lait.

Al awîn dôl mâ induhum xidime âxara.
Ces femmes n'ont pas d'autre travail.

2. On utilise aussi *mâ* devant la deuxième personne du verbe à l'inaccompli pour marquer la défense. C'est l'expression de l'impératif négatif.

Mâ takdib !	Ne mens pas !
Mâ tilkâtalo !	Ne vous tuez pas !
Mâ tikallimi !	Ne parle pas (fém.) !

N.B. : *ta'âl* « viens ! » et *hâk* « prends ! » n'ont pas d'impératif négatif.

Ta'âl !	Viens !	*Mâ taji !*	Ne viens pas !
Hâk !	Prends !	*Mâ ticîl !*	Ne prends pas !

3. Pour dire « non ! » on utilise la particule « *lâ* » qui est généralement suivie d'une phrase.

– *Da bêtak wallâ ?*	– Est-ce ta maison ?
– *Lâ, da mâ bêti.*	– Non, ce n'est pas ma maison.
– *Al mara di ammak ?*	– Cette femme est-elle ta mère ?
– *Lâ, di mâ ammi.*	– Non, ce n'est pas ma mère.

Pour signifier « pas du tout », « absolument pas » on dit *lâlâ*. Cette double particule négative n'est alors pas suivie d'une phrase.

– *Numta fî l-lekkôl ?*	– Est-ce que tu as dormi à l'école ?
– *Lâlâ !*	– Non, pas du tout !

On dit aussi très souvent « non » dans une conversation par l'interjection *ha'âh* plus ou moins nasalisée, et réalisée avec une prosodie tonale inverse de celle de l'affirmation.

– *Mahamat miskîn ?*	– Mahamat est-il pauvre ?
– *Ha'âh, hû xani.*	– Non, il est riche.

4. La double négation *mâ ... wa lâ*, ou *wa lâ ... wa lâ*, se traduira par « ni ... ni »

Anâ mâ indi tâli wa lâ wali.
Je n'ai ni parent ni tuteur.

Mâ indah kaye wa lâ bîk.
Il n'a ni cahier ni stylo à bille.

Watîrak da, wa lâ jadîd wa lâ gawi.
Ta voiture n'est ni neuve ni puissante.

III. L'expression du passif

Pour l'expression du passif, on n'utilise pas de conjugaison spéciale mais la troisième personne du pluriel de l'accompli ou de l'inaccompli, à laquelle est suffixé le pronom complément se rapportant à la personne qui subit l'action.

Sirgôku.	Vous avez été volés, on vous a volés, ils vous ont volés.
Yadurbûna.	Nous serons frappés, on nous frappera, ils nous frapperont, ils nous frappent.
Katalôhûm.	Ils ont été tués, on les a tués, ils les ont tués.
Yarmûni.	Je serai jeté à terre, on me fera tomber, ils me jetteront à terre, ils me font tomber.
Rassalôk.	Tu as été envoyé, on t'a envoyé, ils t'ont envoyé.
Rikibo farasi.	Ma jument a été montée, on a monté ma jument, ils ont monté ma jument.

Remarque : Certains verbes ont un sens passif lorsque la voyelle du radical à l'accompli est « *i* », et un sens actif lorsque la voyelle du radical à l'accompli est « *a* ».

dirib / yadrab	être malade	*darab / yadrub*	frapper
ikil / ya'kal	être brûlé, noyé	*akal / yâkul*	manger
cifi / yacfa	être guéri	*cafa / yacfi*	guérir
xilig / yaxlag	être créé	*xalag / yaxlig*	créer

IV. L'emphase et la thématisation

Par l'emphase, on insiste sur l'un des éléments de la phrase pour le mettre en évidence. La transformation emphatique est caractérisée par le déplacement, généralement en tête de phrase, de l'élément sur lequel on veut insister ou focaliser l'attention.

Dans le cas de la thématisation, qui n'est pas toujours facile à distinguer de l'emphase, on met en avant ce que l'on considère comme l'élément central de son propos, ce sur quoi on parle.

1. Le prédicat de la phrase nominale mis en emphase se place avant le sujet.

Coxolak cunû ?	Qu'est-ce que tu as ? (Non marqué.)
Cunû coxolak ?	Ce que tu as, c'est quoi ? (Emphatique.)
Inta yâtu ?	Qui es-tu ? (Non marqué.)
Yâtu inta ?	Toi, qui es-tu donc ? (Emphatique.)

2. Le sujet de la phrase nominale ou verbale repris par un pronom personnel est mis en emphase.

Mûsa cên. Moussa est laid. (Non marqué.)
Mûsa, hû cên. Moussa, il est laid. (Emphatique.)

Indi gurus katîr. J'ai beaucoup d'argent. (Non marqué.)
Anâ, indi gurus katîr. Moi, j'ai beaucoup d'argent. (Emphatique.)

Al-sarrâg daxal fî l-dukkân.
Le voleur est entré dans la boutique. (Non marqué.)

Hû al-sarrâg, hû daxal fî l-dukkân.
C'est lui le voleur, c'est lui qui est entré dans la boutique. (Emphatique.)

Farasi samhe. Ma jument est belle. (Non marqué.)
Farasi, hî samhe. Ma jument, elle est belle. (Emphatique.)

3. Lorsque le sujet est un pronom personnel, il peut être mis en emphase par la particule *bas* (litt. : « seulement »).

Hû ta'abân. Il est fatigué. (Non marqué.)
Hû bas ta'abân ! C'est lui qui est fatigué ! (Emphatique.)

Intu li'ibtu kulla l-lêl.
Vous avez dansé toute la nuit. (Non marqué.)

Intu bas li'ibtu kulla l-lêl !
C'est vous qui avez dansé toute la nuit ! (Emphatique.)

4. Quand un groupe nominal est thématisé ou mis en emphase, il est repris par un pronom personnel qui a la forme et la place voulues par sa fonction.

Al harrâtîn katalo l bagar.
Les paysans ont tué les vaches. (Enoncé non marqué.)

Al bagar, al harrâtîn katalôhum.
Les vaches, les paysans les ont tuées. (Thématisation du complément.)

Al harrâtîn, hummân (bas) katalo l bagar.
Les paysans, ce sont eux qui ont tué les vaches. (Thématisation et emphase du sujet.)

Inta cilt kitâbi.
Tu as pris mon livre. (Non marqué.)

Kitâbi, inta ciltah.
C'est mon livre que tu as pris. (Emphase de l'objet.)

Axu rafigi, daktôr.
Le frère de mon ami est docteur. (Non marqué.)

Rafigi, axuh daktôr.
Mon ami, son frère est docteur. (Thématisation du complément de nom du sujet.)

5. Rappel

— L'objet peut être mis en emphase par *lê*.

Amîs, waddêtah lê wilêdi fi l-labtân.
Hier, j'ai emmené mon enfant à l'hôpital.

Dabah (yadbah). (Forme simple.)
Il a égorgé.

Dabbah (yidabbib). (Deuxième forme.)
Il n'a fait qu'égorger, il a fait un massacre.

Karab (yakrub). (Forme simple.)
Il a attrapé.

Karrab (yikarrib). (Deuxième forme.)
Il a attrapé très vite, plusieurs fois, le plus possible.

Al iyâl yikarrubu al-jarâd.
Les enfant se jettent sur les criquets pour les attraper.

B. Les types

I. Le type interrogatif

1. Quand l'interrogation porte sur l'identité ou la nature d'êtres animés, on utilise les pronoms *yâtu, yâti, yâtumman.* (Voir Morphologie p. 91.)

• Dans la phrase nominale, *yâtu* peut se placer avant ou après le nom sur lequel porte l'interrogation et s'accorde avec ce dernier.

Inta yâtu ?	Qui es-tu ?
Al mara di yâti ?	Qui est cette femme ?
Al banât dôl yâtumman ?	Qui sont ces filles ?
Al mardân yâtu ?	Qui est le malade ?

On peut aussi dire :

Yâtu l mardân ?	Qui est le malade ? Quel est le malade ?
Yâtu mardân ?	Qui est malade ?
Yâti l kabîre ?	Qui est la grande (fille) ? Quelle est la grande ?

• Dans la phrase verbale, *yâtu* est sujet et se place en début de phrase.

Yâtu câl kitâbi ? Qui a pris mon livre ?
Yâtu darabak ? Qui t'a frappé ?

Yâtumman suivi de « *al* » se traduit par « quels sont ceux qui ».

Yâtumman al câlo kitâbi ?
Quels sont ceux qui ont pris mon livre ?

Yâtumman al darabok ?
Quels sont ceux qui t'ont frappé ?

• On emploie aussi *yâtu* toutes les fois que l'on cherche le nom d'une personne ou d'un objet. Il a le sens du « heu... ! » français marquant l'embarras, le doute ou la difficulté à trouver ses mots.

Macêt fi bêt Mahammat wa fi bêt Maryam wa fi bêt yâtu... !
J'ai été chez Mahamat, chez Mariam, chez heu... !

Pour dire « comment t'appelles-tu ? », « quel est ton nom ? » on utilisera davantage l'expression *usumak yâtu ?* plutôt que *usumak cunû ?*

2. Quand l'interrogation porte sur l'identité ou la nature des choses, on utilise le mot *cunû* « quoi ? » qui est invariable et qui se place généralement à la fin de la phrase.

Da cunû ? Qu'est-ce que c'est ?
Tidôr cunû ? Qu'est-ce que tu veux ?

Lorsque *cunû* se place avant le verbe, il donne à la phrase un sens emphatique et exclamatif et exige un pronom de rappel suffixé au verbe.

Yâ Allah, cunû sawwêtah !
Mon Dieu, qu'est-ce que j'ai fait !

Kassaro bêti, câlo xumâmi, cunû tidôrah !
On a détruit ma maison, on a pris mes affaires, que veux-tu !

N.B. *Cunû* à la fin d'une énumération ne se traduira pas en français par « quoi ? » mais il aura la valeur de la locution « et cetera ».

Akalat tamur wa tamâtim wa fûl wa cette wa cunû.
Elle a mangé des dattes, des tomates, des arachides, du piment, etc.

3. Lorsqu'il y a un choix à faire (quel ?, lequel ?), on utilise les pronoms *wênu ?*, *wêni ?*, *wênumman ?*[2]

Min al-câhi wa l-laban, tidôr wênu ?
C'est du thé ou du lait que tu veux ?

Wênumman al-xanam al akalo l xalla ?
Quels sont les moutons qui ont mangé le mil ?

> *Remarque :*
> Afin de faciliter la compréhension des différentes formes que prennent les interrogatifs *yâtu* et *wênu*, nous proposons l'étymologie suivante :
> *yâtu* est formé de *ayât* + *hû*
> *ayât* « versets, signes, caractéristiques », cf. *ayât Allah* « ayatollah » ;
> *hû* : pronom personnel, 3ᵉ pers. du singulier.
> *(a)yât(h)u ?* (litt. : « signes de lui ? ») c'est-à-dire « qui est-il ? » ;
> *wênu* est formé de *wên* + *hû*
> *wên* (où ?) + *hû* (pronom personnel, 3ᵉ pers. du singulier).
> *wên(h)û ?* (litt. : « où lui ? ») c'est-à-dire « lequel ? ».

4. Quand l'interrogation porte sur le lieu, la cause, la manière, la quantité, le temps, on utilise *wên ?* « où ? », *mâla ?* « pourquoi ? », *kikkêf ?* « comment ? », *kam ?* « combien ? », *mata ?* « quand ? ».

- *Wên ?* « où ? » se place généralement en fin de phrase.

Bêtak wên ?	Où se trouve ta maison ?
Mâci wên ?	Où t'en vas-tu ?
Al-jâmiye l kabîre wên ?	Où se trouve la grande mosquée ?
Al yôm, tâkul wên ?	Aujourd'hui, où manges-tu ?

- *Mâla* « pourquoi ? » se place généralement en début de phrase verbale, mais n'a pas de place fixe dans la phrase nominale.

Mâla inta jît mu'axxir ?	Pourquoi es-tu venu en retard ?
Mâla kidibti lêi ?	Pourquoi m'as-tu menti ?
Inta haznân mâla ?	Pourquoi es-tu triste ?
Mâla inta haznân ?	

---

2. Voir chap. 7, les pronoms interrogatifs, p. 91.

Al-laham afin mâla ?   Pourquoi la viande sent-elle mauvais ?
Mâla l-laham afin ?

• *Kikkêf ?* « comment ? »

Cet adverbe est souvent employé dans les salutations : *kikkêf ?* ou simplement *kêf ?* et signifie alors « Comment ça va ? ».

Kikkêf se place généralement en début de phrase verbale, ou en fin de phrase nominale.

Râjil axtak, hû kikkêf ?	Comment va ton beau-frère ?
Al mardân kikkêf ?	Comment va le malade ?
Kikkêf maragat min bêti ?	Comment est-elle sortie de chez moi ?
Kikkêf daggêtu l-sarrâg ?	Comment avez-vous battu le voleur ?

• *Kam ?* « combien ? » n'a pas de place fixe dans le groupe nominal, et se place avant ou après le nom.

Inta indak kam wilêd ?	Toi, tu as combien d'enfants ?
Indak iyâl kam ?	Tu as combien d'enfants ?
Awînak kam ?	Tu as combien de femmes ?

Kam maco wa kam faddalo ?
Combien sont partis, et combien sont restés ?

• *Mata ?* « quand ? » n'a pas de place fixe dans la phrase interrogative.

Taji lêi mata ?	Quand viendras-tu chez moi ?
Mata tamci fi l-lekkôl ?	Quand vas-tu à l'école ?
Jît mata ?	Quand es-tu venu ?
Mata dabahtaha lê l xanamay ?	Quand as-tu égorgé le mouton ?

5. Lorsque l'interrogation porte sur une partie de la phrase ou sur la phrase tout entière, on utilise *walla*.

• *Walla* (avec généralement un « a » bref en finale) signifie « ou », « ou bien » et se place entre deux termes sur lesquels porte l'interrogation.

Da wilêd walla binêye ?
C'est un garçon ou bien une fille ?

Hî macat fi l-sûg walla ragadat fi bêtaha ?
Est-elle allée au marché ou s'est-elle reposée chez elle ?

- *Wallâ ?* (avec un « â » long en finale) ne se traduit pas et renforce une interrogation (qui pourrait ne se marquer que dans l'intonation, voir § 6, ci-dessous).

Inta râjil wallâ ?	Es-tu un homme ?
Garêt al yôm wallâ ?	Est-ce que tu as étudié aujourd'hui ?
Tagdar tamci lêi al yôm wallâ ?	Peux-tu venir chez moi aujourd'hui ?

Al ja hassâ abûk wallâ ?
Celui qui est venu maintenant, est-ce ton père ?

6. L'interrogation peut aussi simplement se marquer une intonation montante portant sur les derniers mots de la phrase.

Inta râjil ?	Es-tu un homme ?
Garêt al yôm ?	As-tu étudié aujourd'hui ?
Al ja hassâ abûk ?	Celui qui est venu à l'instant, c'est ton père ?

L'interrogation est souvent renforcée par la négation *mâ*.

Inta mâ râjil ?	N'es-tu pas un homme ?
Inta mâ garêt al yôm ?	N'as-tu pas étudié aujourd'hui ?

Al ja hassâ mâ abûk ?
Celui qui est venu à l'instant, ce n'est pas ton père ?

N.B. Dans chacune de ces phrases, c'est seulement l'intonation qui marquera la différence d'avec une phrase nominale négative.

Enfin le mot *sahi* (parfois prononcé *sehi* ou même *sey*) est très souvent employé à la fin d'une phrase dans une conversation courante. Il est l'équivalent du français « n'est-ce pas ? ».

Inta âfe, sahi ?	Tu vas bien, n'est-ce pas ?
Taciri lêna kosey, sahi ?	Tu nous achèteras des beignets, n'est-ce pas ?

II. Le type impératif

1. Lorsqu'un ordre est donné à la deuxième personne du singulier ou du pluriel, on utilise la conjugaison propre à ce mode (voir p. 131).

Amci âfe !	Pars en paix ! Au revoir !
Agôdu âfe !	Restez en paix !
Kassiri l hatab !	Casse le bois !

2. Il n'y a pas d'impératif à la première personne du pluriel. On utilise l'interjection *yalla !* « allons, allons-y ! » devant l'inaccompli à la première personne. (On utilise plus rarement l'impératif *xalli*, cf. ci-dessous, § 3.)

Yalla namcu !	Allons !
Yalla nâkulu !	Mangeons !

3. Lorsque l'ordre adressé concerne une troisième personne dans le sens de « il faut qu'il ..., je veux qu'il ..., qu'il ... », on utilise l'impératif auxiliaire *xalli* « laisse ! »[3] suivi du nom ou du pronom personnel de la personne concernée.

Xallih yâkul !	Qu'il mange !
Xalli l binêye di yâxuduha !	Qu'on marie cette fille !
Xallihum yaxdumu !	Qu'ils travaillent !

4. Pour signifier « il faut », « on doit », « c'est un devoir de », « il est obligatoire de », on utilise le nom *wâjib* (litt. : « obligation ») en position de sujet dans la phrase nominale ou verbale.

Ihtirâm al abbahât wâjib.	Il faut respecter les parents.
Wâjib tamci fî l-labtân.	Tu dois aller à l'hôpital.

---

3. *Xalli* vient du verbe *xalla / yixalli* « laisser ».

III. Le type exclamatif

L'exclamation se marque avant tout par une intonation ou une accentuation caractéristique, qui est souvent due à au redoublement d'une consonne.

Râjil xani ! [râjil xxani]
Quel homme riche !

Mara samhe ! [mara sammhe]
Quelle belle femme !

Kalib hawân ! [kalib hawwaan]
Quel chien méchant !

Râjil ajuwâdi ! [raajil ajjuwaadi]
Quel homme généreux !

L'exclamation peut être renforcée par des adverbes ou des locutions qui se placent généralement en tête de phrase. (Voir pp. 120-121.)

Ajab, al wilêd al-sabi da kula mât !
Etonnant, ce jeune garçon qui est mort !

Murr lêi, al watîr bidôr batrucni !
Ça alors, la voiture a failli me renverser !
(Litt. : « C'est amer pour moi, la voiture veut me heurter ! »)

Yâ êb al-cûm, al wilêd da kula sarrâg !
Vraiment quelle honte, cet enfant-là : un voleur !

Allah, al binêye di samhe !
Dieu que cette fille est belle !

Baj, al-râjil da, mâla masrûf kê !
Incroyable, un homme aussi mal élevé !

Haj, anâ nisit gursi fi l faday !
Pas possible, j'ai oublié mon argent dans la cour !

C. Tableau résumant les formes et les types dans la phrase

FORME / TYPE	Affirmative	Négative	Impersonnelle	Thématisée Emphatique
Déclaratif	1	4	7	10
Interrogatif	2	5	8	11
Impératif	3	6	9	12

Liste des exemples :

1 *Ciribti almi.* — Tu (fém.) as bu de l'eau.
2 *Ciribti almi wallâ ?* — Est-ce que tu (fém.) as bu de l'eau ?
3 *Acarbe almi !* — Bois (fém.) de l'eau !
4 *Mâ ciribti almi.* — Tu (fém.) n'as pas bu de l'eau.
5 *Mâ ciribti almi wallâ ?* — Est-ce que tu (fém.) n'as pas bu de l'eau ?
6 *Mâ tacarbe almi !* — Ne bois (fém.) pas d'eau !
7 *Darabôhum.* — On les a battus. Ils ont été battus.
8 *Darabôhum wallâ ?* — Les a-t-on battus ?
9 *Xalli l-almi da yacarboh !* — Qu'on boive cette eau !
10 *Al almi humman ciriboh !* — L'eau, ils l'ont bue !
11 *Al almi humman ciriboh wallâ ?* — L'eau, est-ce qu'ils l'ont bue ?
12 *Xallihum yacarboh lê l-almi !* — Qu'ils boivent donc de l'eau !

Pour ne pas surcharger ce tableau, nous n'avons pas fait figurer la forme impersonnelle négative *mâ darabôhum* « on ne les a pas battus » et la forme thématisée négative *humman mâ darabôhum* « eux, on ne les a pas battus » qui ne posent aucune difficulté.

17
La phrase complexe

La phrase complexe est formée de plusieurs phrases simples. Les phrases composantes, ou propositions, peuvent être juxtaposées, coordonnées, ou subordonnées.

A. La juxtaposition

I. La proposition relative

La juxtaposition de deux phrases permet la traduction de la proposition relative introduite en français par qui ou que. Cette proposition relative joue alors en arabe le rôle d'une « épithète développée » auprès de son antécédent. Comme toute épithète, elle s'accorde en détermination ou en indétermination avec le nom (l'antécédent) auquel elle se rapporte.

1. Lorsque l'antécédent est indéterminé : la proposition « relative » est juxtaposée immédiatement après l'antécédent.

Dans la phrase *Anâ cift jamal kabîr* « j'ai vu un gros chameau », *jamal* « un chameau » est qualifié par *kabîr* « gros ». D'une façon analogue, *jamal* peut être qualifié par une proposition.

Anâ cift jamal rijilênah talâte.
J'ai vu un chameau à trois pattes.
(Litt. : J'ai vu un chameau, ses pattes (sont) trois.)
Jamal est qualifié par une phrase nominale *(rijilênah talâte)*.

Anâ taract mara indaha dumba fî râsha.
J'ai renversé une femme qui avait une cuvette sur la tête.
(Litt. : J'ai renversé une femme, <u>avec-elle (est) une cuvette sur sa tête</u>.)
Mara est qualifié par une phrase nominale *(indaha dumba fî râsha)*.

Anâ banêt bêt yicîl ahali.
J'ai construit une maison qui contient ma famille.
(Litt. : J'ai construit une maison, <u>elle contient ma famille</u>.)
Bêt est qualifié par une phrase verbale *(yicîl ahali)*.

2. Antécédent déterminé

Lorsque l'antécédent est déterminé, la phrase relative, nominale ou verbale, est précédée du relatif *al* (formellement identique à l'article).

Cîlna farditki al fôg al habil.
Nous avons pris ton pagne qui était sur la corde.
(Litt. : Nous avons pris ton (fém.) pagne qui (était) sur la corde.)

Amci bakân al-nâs al induhum gurus.
Pars chez les gens qui ont de l'argent.
(Litt. : Pars chez les gens que avec-eux (est) argent.)

Anâ sallamt al mara al antatni êc.
J'ai salué la femme qui m'a donné la boule.
(Litt. : Moi / ai salué / la / femme / qui / a donné à moi / boule.)

3. Antécédent non exprimé

Lorsque l'antécédent est sous-entendu, le relatif *al* se traduit par « celui qui, celle qui », « ceux qui, celles qui », « ce qui ». Il est toujours possible en effet de sous-entendre *al-nâdum* da « cette personne », *al-nâs* « les gens », ou bien *al-coxol* « la chose », etc.

Yigaddif al akalah amis.
Il vomit ce qu'il a mangé hier.

Karabt al-sirigo xumâmna.
J'ai attrapé ceux qui ont volé nos affaires.

Ba'adên, al-daktôr yicîf al mâ mardân bilhên.
Le docteur verra ensuite celui qui n'est pas très malade.
(Litt. : Ensuite / le / docteur / il voit / celui qui / pas / malade / beaucoup.)

Al-rusênhum bôjohum yicîlu isbirîn.
Ceux qui ont mal à la tête prennent de l'aspirine.
(Litt. : Ceux que / leurs têtes / leur font mal / ils prennent / aspirine.)

II. La proposition complétive

La juxtaposition de deux phrases verbales permet la traduction de la proposition complétive introduite en français par « que ». Ces propositions sont compléments de verbes exprimant une déclaration, une connaissance, un jugement, un désir, une crainte, un doute, etc., tels que « dire », « savoir », « connaître », « demander », « faire savoir », « comprendre », « penser », « croire », « vouloir », « craindre », etc. La proposition complétive ainsi juxtaposée peut être une phrase nominale ou verbale.

Hû ôra rufugânah axtah mardâne.
Il a averti ses amis que sa sœur était malade.
(Litt. : Lui / a dit / (à) ses amis / sa sœur / (est) malade.)
La complétive *(axtah mardâne)* est une phrase nominale.

Al awîn irifo inta râjil zên.
Les femmes ont su que tu étais un homme bon.
(Litt. : Les femmes / ont su / toi / (es) homme / bon.)
La complétive *(inta râjil zên)* est une phrase nominale.

Fâtime kallamat abûha yijib lêha zigêgê.
Fatimé a demandé à son père de lui apporter des friandises.
(Litt. : F. / a demandé / (à) son père / il donne / à elle / friandises.)
La complétive *(yijib lêha zigêgê)* est une phrase verbale.

Hummân gâlo Mahamat maca l-lekôl.
Ils ont dit que Mahamat est allé à l'école.
(Litt. : Eux / ont dit / M. / est allé / l'école.)
La complétive *(Mahamat maca l-lekôl)* est une phrase verbale.

Nidôr taji ma'âi.
Je veux que tu viennes avec moi.
La complétive *(taji ma'âi)* est une phrase verbale.

Anâ katabt lê ammi mâ nâkul kulla yôm.
J'ai écrit à ma mère que je ne mange pas tous les jours.
La complétive *(mâ nâkul kulla yôm)* est une phrase verbale.

Hû ôra rufugânah kadar axtah mardâne.
Il a averti ses amis que sa sœur était malade.

Al awîn irifo kadar inta râjil zên.
Les femmes ont su que tu es un homme bon.

kallamt lê ammi kadar axui mât.
J'ai dit à ma mère que mon frère est mort.

Orêt abui kadar al bêt bâ'oh.
J'ai averti mon père qu'on avait vendu la maison.

III. Une expression de la finalité

La juxtaposition de deux phrases verbales permet aussi l'expression de la finalité d'une intention ou d'une action.

1. Un même sujet pour les deux verbes

Lorsque les verbes des phrases juxtaposées ont le même sujet, les deux verbes se suivent, et le second se traduit généralement en français par un infinitif.

Macêt naciri faham.
Je suis parti (pour) acheter du charbon.

Hû daxal yicîf kutubi.
Il est entré (pour) regarder mes livres.

Ba'adên naji nikallimak.
Après je viendrai (pour) te parler.

Mâ ta'ammid tarmi l xumâm da !
Ne fais pas exprès de renverser ces affaires !

Attention ! Le temps de chacun de ces verbes est à remarquer pour ne pas manquer les nuances exprimées dans la phrase. Si le premier verbe est à l'accompli, le second peut être à l'accompli (l'action est achevée) ou à l'inaccompli (l'action est inachevée). Mais, si le premier verbe est à l'inaccompli, le second ne peut être qu'à l'inaccompli.

Nous illustrons les possibilités de juxtaposition des temps de ces verbes dans ce type de phrases par le tableau suivant :

1ᵉʳ verbe 2ᵉ verbe	accompli	inaccompli
accompli	1	
inaccompli	2	3

1. *Maca cara fûl.*
   Il est allé acheter des arachides.
   (On sous-entend qu'il est déjà revenu.)

2. *Maca yaciri fûl.*
   Il est allé acheter des arachides.
   (On sous-entend qu'il n'est pas encore revenu.)

3. *Yamci yaciri fûl.*
   Il partira acheter des arachides.

Dans la traduction, bien respecter l'aspect du verbe :

Al iyâl gammo bako wa ammahâthum dabdabohum.
Les enfants s'étaient mis à pleurer et leurs mères les ont consolés.

Al iyâl gammo yabku wa ammahâthum yidabdibuhum.
Les enfants se sont mis à pleurer et leurs mères les consolent.

Al iyâl yugummu yabku wa ammahâthum yidabdibuhum.
Les enfants se mettent à pleurer et leurs mères les consolent.

Rappel : le verbe *gamma / yugumm* « se lever ».

Le verbe *gamma / yugumm* suivi d'un autre verbe prend le sens d'un verbe inchoatif marquant le début d'une action et se traduit par « se mettre à » (cf. p. 207).

Al-râjil gamma bajiri alê bêtah.
L'homme s'est mis à courir vers sa maison.

Al wilêd gamma nâm ajala.
L'enfant s'est vite endormi.

2. Un sujet différent pour chacun des deux verbes

Lorsque les verbes des phrases juxtaposées n'ont pas le même sujet, ils sont séparés par un objet qui complète le premier verbe. Ce complément a le même référent que le sujet de la proposition finale.

Nirassilki tiwaddi l xalla fî l-tahûna.
Je t'envoie emmener le mil au moulin.
(Litt. : Je / envoie toi (fém.) / tu (fém.) emportes / le / mil / à / le moulin.)

Hâ ! Anâ mâ lagêtak ticil minni xumâmi ?
Ah ! Je ne suis pas venu à ta rencontre pour que tu prennes mes affaires ?
(Litt. : Moi / pas / ai trouvé toi (masc.) / tu (masc.) prends / de moi / mes affaires.)

Nirakkubu karkanji lê abûki yacarab.
Nous ferons du karkadé comme boisson pour ton père.
(Litt. : Nous / cuirons / karkadé / pour / ton (fém.) père / il boit.)

Al awîn caro xulgân lê rujâlhum yalbaso.
Les femmes ont acheté des vêtements pour que leur mari les mettent.
(Litt. : Les / femmes / ont acheté / des vêtements / pour / leurs maris / ils mettent.)

Cas particulier : *xalli*, impératif du verbe *xalla / yixalli* « laisse ! ». *Xalli* suivi d'un complément direct et d'un verbe à la première ou à la troisième personne de l'inaccompli, traduit un ordre, une injonction.

B. La coordination

Les phrases peuvent être coordonnées par les particules *wa*, *walla*, *lâkin*.

1. *Wa* « et »
Dans la phrase complexe, *wa* coordonne deux phrases nominales entre elles, ou bien deux phrases verbales entre elles. Lorsque des phrases de différentes natures se succèdent, elles sont séparées par une pause ou un signe de ponctuation, ou bien par une autre particule.

Al gitt xattar wa l-jidâd annasar.
Le chat est parti en voyage et les poules triomphent[1].

Al-jazzâra babdaho l bagar wa banharo l-jumâl. Induhum sakâkîn kubâr, bakta'o l halgûm misil al gecc.
Les bouchers égorgent les vaches et piquent les chameaux au garrot. Ils ont des couteaux énormes et coupent les gorges comme on coupe de l'herbe.

N.B. Il serait incorrect de coordonner par *wa* la phrase nominale *induhum sakâkîn...* avec la phrase verbale *baktato l halgûm...* contrairement à ce que demande la traduction française.

2. *Walla* « ou, ou bien » coordonne des phrases nominales entre elles, ou des phrases verbales entre elles. Ces phrases sont alors interrogatives.

Nantiki gurus walla namci fi l-sûg ?
Je te donne de l'argent ou bien je m'en vais au marché ?

Âdum kabîr walla Zênaba kabîre ?
C'est Adoum qui est grand, ou bien Zénaba qui est grande ?

Hû bunûm walla binjamma bas, mâ na'arfah.
Je ne sais pas s'il dort ou s'il se repose simplement.

Jît tisallimni walla tas'alni ?
Tu es venu pour me saluer ou pour me demander quelque chose ?

---

1. Proverbe correspondant au proverbe français : « Quand le chat n'est pas là, les souris dansent ! »

Inti macêti fî l-sûg walla lâ ?
Es-tu, oui ou non, allée au marché ?

Rappel : *wallâ* (avec un « *â* ») est situé en fin de phrase et est une particule interrogative[2].

3. *Lâkin* s'emploie dans le sens de « mais », « cependant », « or ».

Yûsuf maca fî l-lekkôl lâkin mâ ya'arif yaktib.
Youssouf est allé à l'école, mais il ne sait pas écrire.

Nidôr naciri xalag lâkin gursi gassar.
Je voudrais acheter un vêtement mais je n'ai pas assez d'argent.

Gâl lêi mâci l-sûg lâkin lissâ mâ marag.
Il m'a dit qu'il allait au marché mais il n'est pas encore sorti.

Hût katîr, lâkin xâli.
Il y a beaucoup de poissons, mais c'est cher.

Lâkin en début de phrase sert à introduire une rectification ou une précision par rapport à ce qui a été dit précédemment. Il a le sens de « cependant », « pourtant ».

Kulla yôm al-jazzâra yaktulu l mâl misil da bas wa mâ bikammil. Lâkin hummân mâ babdaho minjam kê...
C'est ainsi qu'ils tuent quotidiennement le bétail, et il en reste toujours ! Cependant ils n'égorgent pas sans discernement...

Lâkin peut s'employer aussi pour traduire ce que le français exprime par une proposition circonstancielle, voir plus loin p. 246.

C. La subordination

Les propositions introduites par des conjonctions ou des locutions de subordination sont en fait des circonstancielles de temps, de but, de cause, de concession, de condition, de conséquence, de manière, d'exception.

---

2. Voir : Syntaxe, l'interrogation, p. 229.

Une même conjonction de subordination peut introduire des circonstancielles de natures différentes. Dans un premier temps, nous décrirons les principales conjonctions ou locutions de subordination, puis, dans un tableau, nous les présenterons regroupées autour des principales propositions subordonnées circonstancielles qu'elles introduisent.

I. Les différentes conjonctions et locutions

1. Acân

Ce mot vient sans doute de *al-cân* « l'affaire, la chose », que l'on retrouve dans l'arabe classique et qui joue dans l'arabe tchadien le rôle d'une préposition ou d'une conjonction introduisant des subordonnées causales, finales, ou consécutives.

- dans le sens de « parce que », *acân* introduit une phrase nominale ou verbale à l'accompli.

Ammak gâ'ide fi l bêt acân al harray hâmiye.
Ta mère est restée dans la maison parce que le soleil est chaud.

Hû mâ yaxadim, hû gâ'id fi bêti acân êci halu.
Il ne travaille pas, il reste chez moi parce que ma « boule » est bonne.

Hû sakrân acân cirib marîse katîr.
Il est saoul parce qu'il a bu beaucoup de bière de mil.

N.B. Chacune de ces phrases peut être transformée avec la locution *acân da* que l'on traduira par « c'est pourquoi ».

Al harray hâmiye, acân da ammak gâ'ide fi l bêt.
Le soleil est chaud, c'est pourquoi ta mère est restée à la maison.

Êci halu, acân da hû gâ'id fi bêti.
Ma « boule » est bonne, c'est pourquoi il reste chez moi.

Hû cirib marîse katîr, acân da hû sakrân.
Il a bu beaucoup de bière de mil, c'est pourquoi il est saoul.

• dans le sens de « afin que, pour que », *acân* introduit une phrase verbale à l'inaccompli.

Maryam sawwat lêk karkanji acân tacarbah.
Mariam t'a préparé du karkadé pour que tu boives.

Anâ mâci lêyah acân yikaffini dêni.
Je viens le voir pour qu'il me rembourse ma dette.

Al-râjil barjâni ; ôrini min hassâ acân namci nikallimah.
L'homme m'attend ; fais-moi savoir ce qu'il en est tout de suite, que j'aille lui parler.

2. *Ba'ad ma* « après que » est généralement suivi d'un verbe à l'accompli.

Ba'ad ma kammal xidimtah daxal fi l gôdâla.
Après avoir achevé son travail, il est entré au cabaret.

Ba'ad ma akal, maca l-lekkôl.
Après avoir mangé, il est parti à l'école.

La particule « *ma* » (sans doute un ancien pronom relatif neutre que l'on retrouve dans l'arabe classique) se distingue ici de la négation « *mâ* ». Cette particule « *ma* » se combine avec d'autres prépositions pour former des locutions conjonctives telles que : *gubbal ma, kulla ma, misil ma* (cf. n° 4, 12 et 18 ci-dessous).

3. *Damma, damman, dammin* « jusqu'à ce que, au point que »
Voir *namma, namman, nammin*.

4. *Gubbâl ma* « avant que », est généralement suivi d'un verbe à l'inaccompli.

Gubbâl ma tâkul, xassil idênak !
Avant de manger, lave-toi les mains !

Gubbâl ma yarkabo fi l watîr, akalo jidâde.
Avant de monter en voiture, ils ont mangé une poule.

5. *Hatta*

• *Hatta*, suivi de l'accompli, introduit une circonstancielle de temps, avec le sens de « jusqu'à ce que », et marque une limite ou un terme qui a été franchi.

Anâ rijitak kê hatta inta jît.
Je t'ai attendu sans rien faire d'autre jusqu'à ce que tu sois arrivé.

Anâ hidirt abui hatta mât.
J'ai assisté mon père jusqu'à ce qu'il soit mort.

• *Hatta*, suivi de l'inaccompli, introduit une circonstancielle de temps, avec le sens de « d'abord, avant que », et marque la nécessité et la condition d'une action à accomplir avant une deuxième action proposée.

Tamci ticîl xumâmak hatta taji.
Tu vas prendre tes affaires avant de venir.

Yacrab al-dawa hatta yâkul.
Il boit d'abord le médicament avant de manger.

Barrid hatta albas xalagak !
Lave-toi avant de t'habiller !

• *Ba'ad ma ... hatta* « pas ... avant que »[3] est suivi d'un verbe à l'inaccompli.

Ba'ad ammi ma taji min al-sûg hatta nâkul êc.
Je ne mangerai pas la boule avant que ma mère soit revenue du marché.

Ba'ad ma nalga gurus katîr hatta nicil marti fî bêti.
Je ne prendrai pas ma femme chez moi avant d'avoir trouvé beaucoup d'argent.

---

3. Cette expression est souvent malencontreusement traduite littéralement par : « après que ... d'abord ».

6. *Illa* « sauf que, ne ... que »

> *Ba'ad acara sana mâ xayyar, illa batunah bas bigat kabîre.*
> Après dix ans il n'a pas changé, sauf que son ventre est devenu énorme.
>
> *Hû maca fi l-sûg illa cara ibre bas !*
> Il est allé au marché pour n'acheter qu'une simple aiguille !

Illa kan « ne ... que si, sauf si »

> *Hî mâ tagdar taciri jidâde illa kan antêtaha miya riyâl.*
> Elle ne peut acheter une poule que si tu lui donnes 500 F. (cent riyals).
>
> *Amci lê rufugânak illa kan inta mardân !*
> Va voir tes amis si tu n'es pas malade ! (Litt. : « Pars chez tes amis sauf si tu es malade ! »)

7. *Kadar* « pendant que, le temps que »

> *Kadar tagri da, anâ namci nijîb lêna akil.*
> Pendant que tu étudies cela, je m'en vais apporter le repas.
>
> *Anâ nisawwi madîde kadar yugumm min al-nôm.*
> Je vais faire de la bouillie le temps qu'il se réveille.
>
> *Hî gâlât, kadar Mahammat yamci l-lekkôl, hî tamci tibi lêyah fangâsu.*
> Elle a dit que, pendant que Mahamat irait à l'école, elle irait lui acheter des beignets.

8. *Kan* « si »
   Kan se place généralement entre le sujet et le verbe.

   • *Kan* suivi d'un verbe à l'inaccompli exprime la condition d'une action qui peut se réaliser. *Kan* se traduit alors par « si », mais dans le sens de « si jamais, s'il arrive que ». (Voir aussi *kan misil* p. 245.)

> *Al yôm kan mâ tunûm, nahagginak.*
> Aujourd'hui, si tu ne dors pas, je vais te gaver avec de l'eau. (Menace d'une mère à son enfant.)
>
> *Râjil kan yaxâf, mara axêr minnah.*
> Si un homme a peur, une femme (vaut) mieux que lui.

Inta kan sa'alt, ta'allim.
Si tu poses des questions, tu t'instruiras.

• *Kan* suivi d'un verbe à l'accompli pose une condition à propos d'une situation qui se répète ou qui doit normalement se réaliser. *Kan* se traduit alors par « si » dans le sens de « quand, chaque fois que ». (Voir p. 204.)

Al êc kan barad, mâ halu.
Si la « boule » se refroidit, elle n'est pas bonne.

Kan akalt hût, naxassil îdi be sâbûn.
Si j'ai mangé du poisson, je me lave les mains avec du savon.

9. *Kan mâ* suivi d'un verbe à l'accompli, dans le sens de « si ... ne pas », se traduira par « tant que ... ne pas ».

Kan mâ akal, mâ yamci l-lekkôl.
Tant qu'il n'aura pas mangé, il ne partira pas à l'école.

Inta kan mâ garêt, mâ tabga râjil zên.
Tant que tu n'étudies pas, tu ne deviendras pas quelqu'un (masc.) de bien.

10. *Kan law* « même si »

Kan law ammuku wahade wa abûku wâhid kula, fikirku mâ wâhid.
Même si vous avez même mère et même père, vous n'avez pas la même façon de penser.

Al-tadâmun yilimmuku, kan law adâtku wa saxafâtku mâ sawa kula.
La solidarité vous rassemblera même si vos coutumes et vos cultures sont différentes[4].

11. *Kan misil* suivi de l'accompli a la même signification que *kan* suivi de l'inaccompli, cf. n° 8, p. 244, et se traduit par « si jamais, s'il arrive que ».

Anâ maragt ; kan misil jat xalliha tarjâni !
Je sors (Litt. : « Je suis sorti ») ; si jamais elle vient, qu'elle m'attende !

---

4. Extrait du discours du pape Jean-Paul II au peuple tchadien lors de sa visite à N'Djaména le 1er février 1990.

Kan misil mâ ligit al abu, nâdih lê l wilêd !
Si jamais tu ne trouves pas le père, appelle l'enfant !

12. *Kulla ma* « toutes les fois que, chaque fois que »[5]

Duggah kulla ma ja lêna !
Frappe-le chaque fois qu'il vient chez nous !

Kulla ma anâ jît lêku, hû baharijni.
Toutes les fois que je viens chez vous, il me gronde.

13. *Lahaddi* « jusqu'à ce que, au point que, tellement que »

Almi sabba katîr lahaddi daxal fi l bêt.
Il a tellement plu que l'eau est entrée dans la maison.

Al watîr jâriye bilhên lahaddi mâ gidirat wigifat.
La voiture allait tellement vite qu'elle n'a pas pu s'arrêter.

Li'ib kê lahaddi gudurtah kammalat.
Il a dansé jusqu'à épuisement.

14. *Lâkin*
Lâkin, que l'on traduit littéralement par « mais », peut s'employer aussi pour traduire ce que le français exprime par une proposition circonstancielle, avec le sens de « sauf que », « bien que », « si ce n'est », « sans que », « cependant », « pourtant », (voir p. 240).

Hû be rijilah wahade lâkin bajiri ajala.
Bien qu'il n'ait qu'une seule jambe, il court vite.

Anâ farhân min xidimti lâkin anâ ayyân.
Je suis content de mon travail sauf que je suis fatigué.

Xalli abdak yisammi'ah kalâm lê sîdah, lâkin hû mâ yaz'al.
Laisse ton serviteur faire entendre une parole à son maître sans qu'il se fâche.

---

5. La particule « ma » n'est pas ici une négation, voir plus haut *ba'ad ma*.

15. *Mata kula kan* « tant que, aussi longtemps que »

Mata kula kan hû gâ'id, anîna nunûmu fi l faday.
Tant qu'il sera là, nous coucherons dans la cour.

Tamrad bas mata kula kan tacrab marîse.
Tu seras malade tant que tu boiras de la bière de mil.

16. *Min* « depuis que, dès lors que »

Min karabtak ke, inta xuft.
Depuis que je t'ai attrapé, tu as peur.

Min akalat al-tamur da, xalâs batunha annafaxat.
Dès lors qu'elle a mangé ces dattes, son ventre s'est mis à gonfler.

17. *Misil + al* suivi d'une phrase verbale « comme, comme ce que, ce que »

Sawwi misil al-tidôrah !
Fais comme tu veux !

Al iyâl misil al bafhamoh al awîn.
Les enfants sont ce qu'en comprennent les femmes.

18. *Misil ma* « comme, de la même manière que, autant que »[6]

Axadim misil ma cift abûk xadam !
Travaille comme tu as vu ton père travailler !

Al-rujâl mâ kaddabîn misil ma bahsubuh l awîn.
Les hommes ne sont pas aussi menteurs que le pensent les femmes.

Attention : On peut trouver *misil mâ*, où *mâ* (avec « *â* ») est la négation. On dira ainsi : *Hû adda misil mâ câfâni* « Il est passé comme s'il ne m'avait pas vu ».

---

6. La particule « ma » n'est pas ici une négation, voir plus haut *ba'ad ma*.

19. *Namna, namman, nammin* « jusqu'à ce que, au point que »

Cette conjonction et ses variantes (voir *damma*) marquent une limite ou le terme de l'action du verbe de la proposition principale. Elle est souvent précédée de la particule *kê* qui souligne la durée ou l'intensité de l'action du verbe de la proposition principale. Elle peut introduire :

- une subordonnée consécutive (avec l'accompli)

Axui daggâni kê namman ragadt mardân.
Mon frère m'a tellement battu que j'en suis tombé malade.

Mûsa akal kê namma gaddaf.
Moussa a mangé jusqu'à en vomir.

- une subordonnée temporelle (avec l'inaccompli)

Agri kê namma talga cahadtak !
Etudie bien jusqu'à ce que tu obtiennes ton diplôme !

Arjâni damman naji lêk !
Attends-moi jusqu'à ce que je vienne vers toi !

20. *Wakit* « lorsque, quand »

Hû ja wakit anâ gâ'id fî l-sûg.
Il est venu quand j'étais au marché.

Anâ xadamt fî Abbece wakit inta tarda.
Je travaillais à Abéché quand tu tétais encore ta mère.

Wakit anâ macêt lêk, ligit derbak masdûd.
Lorsque je suis parti chez toi, j'ai trouvé ta porte fermée.

21. *Yômit, yôm al* « le jour où »

Anâ bigit miskîn, min yômit ammi xatarat.
Je suis devenu pauvre (masc.) le jour où ma mère est partie en voyage.

Yôm al anâ jît min Karal, marti wildat.
Le jour où je suis venu de Karal, ma femme a accouché.

Les saisons au Tchad entre le 10ᵉ et le 14ᵉ parallèle

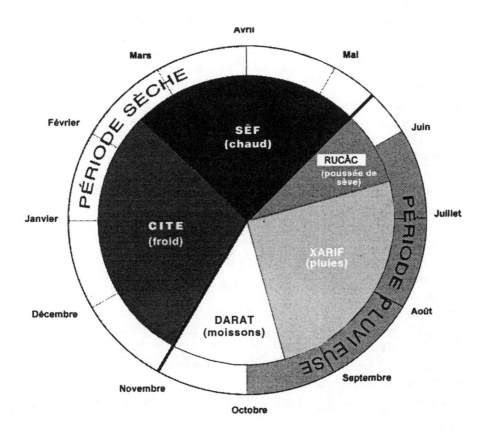

Tableau : Djamil Saïd Ali Kémal 1999

II. Tableau des conjonctions et locutions conjonctives introduisant des phrases complexes

Nous présentons ici quelques-unes des conjonctions de coordination et des locutions que nous avons précédemment étudiées. Chaque numéro renvoie au tableau de la page 251 où se trouve une traduction arabe correspondant à la nature d'une proposition subordonnée telle qu'elle se trouve introduite en français.

Voir page suivante	n°	**Voir page suivante**	n°
d'abord	12	aussi longtemps que ...	6
afin que	22	de la manière que	19
ainsi que	19	même si	18
après que	14	du moment où	9
au point que	24, 25	ne ... que	26
aussi longtemps que	6	parce que	21
avant que	12, 13	pendant que	5
bien que	28	au point que	24, 25
cependant	28	pour que	23
comme	19	pourtant	28
comme ce que	20	quand	4
d'abord	12	que	1, 3
de la manière que	19	qui	1
depuis que	8	sans que	28
dès le jour où	9	sauf que	28
dès que	8	sauf si	27
du moment où	9	si	15, 17
toutes les fois que	7	si jamais	16
jusqu'à	24	de sorte que	23
jusqu'à ce que	10, 11	tant que	17
lequel	2	tellement que	25
le temps que	5, 6	le temps que	5
lorsque	4	toutes les fois que	12

On peut ensuite se référer aux particules arabes précédemment étudiées et classées par ordre alphabétique à partir de la page 241.

LA PHRASE COMPLEXE

Nature de la subordonnée en français	Conjonction et locutions en français	N°	Manière de traduire en arabe
RELATIVE	qui, que,	1	(juxtaposition, p. 233)
	lequel (devant un choix)	2	*wênu, wêni, wênumman*
CONJONCTIVE	que (après les verbes savoir, penser, demander, vouloir, etc.)	3	(juxtaposition, p. 233)
TEMPORELLE	quand, lorsque	4	*wakit*
	pendant que, le temps que	5	*kadar*
	aussi longtemps que, le temps que	6	*mata kula kan*
	toutes les fois que	7	*kulla mâ*
	dès que, depuis que	8	*min*
	dès le jour où, du moment où	9	*yômit, yôm al*
	jusqu'à ce que (limite non franchie)	10	*damman, namma*, etc.
	jusqu'à ce que (limite franchie)	11	*hatta* (+ accompli)
	d'abord, avant que (condition)	12	*hatta* (+ inaccompli)
	avant que	13	*gubbâl ma* (+ inacc.)
	après que	14	*ba'ad ma* (+ accompli)
CONDITIONNELLE	si (quand, chaque fois que)	15	*kan* (+ accompli)
	si (si jamais, s'il arrive que)	16	*kan* (+ inaccompli) *kan misil* (+ accompli)
	tant que (si ... ne pas)	17	*kan mâ*
	même si	18	*kan lâw*
COMPARATIVE	comme, ainsi que, de la manière que	19	*misil*
	comme ce que	20	*misil al*
CAUSALE	parce que	21	*acân*
FINALE	afin que, pour que	22	*acân*
CONSÉCUTIVE	pour que, de sorte que	23	*acân*
	jusqu'à, au point que (avec notion de limite atteinte)	24	*damma, namma*, etc.
	au point que, tellement que (avec notion de limite dépassée)	25	*lahaddi*
EXCEPTIVE	sauf que, ne ... que	26	*illa*
	sauf si	27	*illa kan*
CONCESSIVE	bien que, sauf que, cependant	28	*lâkin* (coordin. p. 239)

18

Quelques points de repère...

I. Les mois

1. Dans le calendrier moderne, chaque mois est désigné par un nombre indiquant la place qu'il occupe dans l'année.

cahari wâhid	janvier	*cahari saba'a*	juillet
cahari tinên	février	*cahari tamâne*	août
cahari talâta	mars	*cahari tis'a*	septembre
cahari arba'a	avril	*cahari acara*	octobre
cahari xamsa	mai	*cahari ihdâcar*	novembre
cahari sitte	juin	*cahari atnâcar*	décembre.

N.B. : *cahar wâhid* signifie « un mois » et non « janvier », il en va de même pour les autres mois : *cahar tinên* « deux mois », etc.

2. Dans le calendrier religieux servant à situer les fêtes religieuses de l'année, on utilise un calendrier lunaire (chaque mois ayant 29 ou 30 jours).

		Appelés à Abéché
al-dahîtên	1er mois	
al wahîd	2e mois	
al-tôm al awwal	3e mois	*karama*
al-tôm al-tâni	4e mois	*tôm*
al-tôm al-tâlit	5e mois	*tômên*
al-tôm al-râbi	6e mois	*sâyig al-timân*

rajab	7ᵉ mois
gisêyâr	8ᵉ mois
ramadân	9ᵉ mois
al fatur	10ᵉ mois
al fatrên	11ᵉ mois
al-dahîye.	12ᵉ mois.

II. Les principales fêtes religieuses musulmanes

Nous présentons ces fêtes par ordre d'importance :

1. **La fête du ramadan, *îd al-ramadân*,** appelée aussi *îd al fitir*.

C'est la plus grande fête de l'année, elle dure trois jours. Elle clôture le jeûne du mois de ramadan (neuvième mois de l'année). Elle commence le premier jour du mois de *al fatur*, à l'apparition du premier croissant de la nouvelle lune.

2. **La fête du sacrifice, *îd al-dahîye*,** appelée aussi *îd al adha*.

Elle a lieu le dixième jour du mois de *dahîye*. C'est un des plus grands moments pour ceux qui font le pèlerinage à La Mecque. Chaque famille égorge un mouton en souvenir d'*Ibrahîm* (Abraham) qui égorgea le bélier présenté par Dieu, à la place de son fils. C'est l'*îd al kabîr* « la grande fête ».

3. **La naissance du Prophète, *îd al mawlid*,** appelée aussi *îd al karâma*.

Cette fête a lieu le douzième jour du mois du troisième mois de l'année (*al-tôm al awwal*). Du premier au douzième jour de ce mois les musulmans chantent des poèmes religieux.

4. **Le nouvel an, *îd daxûl al-sana*.**

Cette fête se passe la nuit du dixième jour du mois du premier mois de l'année lunaire (*al-dahîtên*). C'est une nuit de prières et de festivités. Les enfants courent dans les rues en jouant avec des tisons de bois de *gafal* d'où ils font jaillir des gerbes d'étincelles.

III. Les jours de la semaines, *ayyâm al-subu'*

La semaine, *al subu'*, commence le dimanche. Au Tchad, le dimanche est un jour férié pour l'administration et les écoles. Le vendredi est férié pour les écoles rattachées aux mosquées, une partie du marché et l'administration s'arrêtent à midi pour permettre aux gens d'aller à la mosquée assister à la lecture et à la grande prière du vendredi.

yôm al ahad	dimanche	*yôm al xamîs*	jeudi
yôm al itinên	lundi	*yôm al jum'a*	vendredi
yôm al-talât	mardi	*yôm al-sabit*	samedi
yôm al arba'a	mercredi[1]		

IV. La date

« Aujourd'hui, c'est le mardi 13 mars 1990 » se dira : *Al yôm : yôm al-talâta, talatâcar hanâ cahari talâta, alif wa tus'umiya wa tis'în*.

V. L'heure, *al-sâ'a*

Pour dire l'heure, on utilise les douze premiers nombres (cf. p. 80). Les minutes, *dagâyig*, s'ajoutent avec *wa*, ou se retranchent avec *illa*, du chiffre de l'heure.

Hassâ al-sâ'a wâhid[2] *illa acara dagâyig.*
Il est maintenant une heure moins dix.

Hassâ al-sâ'a tis'a wa saba'a dagâyig.
Il est maintenant neuf heures sept.

On peut également ajouter ou retrancher du chiffre de l'heure « le quart » *rubu'*, « le tiers » (vingt minutes) *tilit*, ou « la demie » *nuss*.

---

1. On entend aussi *yôm al arbiha* ou *yôm al arbiya* pour signifier « mercredi ».
2. Ne pas confondre avec *sâ'a wahade* qui signifie « une montre » !

Al-sâ'a arba'a wa rubu'.
Il est quatre heures et quart.

Al-sâ'a sitte illa tilit.
Il est six heures moins vingt.

Al-sâ'a xamsa wa nuss.
Il est cinq heures et demie.

N.B. On peut spécifier *hanâ fajur* ou bien *hanâ acîye* lorsqu'il y a risque de confusion entre l'heure du matin et celle du soir.

Ta'âlu fi l-sâ'a xamsa illa rubu' hanâ aciye !
Venez à cinq heures moins le quart de l'après-midi !

VI. Les moments de la journée

Le tableau de la page 257 représente les divers moments du jour, *nahâr* (de 6 h. à 18 h. environ) et de la nuit *lêl* (de 18 h 30 à 4 h. du matin environ). On distingue :

1. *al waradde*
C'est la fin de la nuit et le tout début de l'aube. La nuit commence à blanchir.

2. *al-duxuc*
Il ne fait plus nuit, on commence à distinguer les formes mais « on ne peut pas faire la différence entre un chacal et un chien », *mâ nafsul al ba'acôm ma'â l kalib*. C'est l'aube.

3. *al-cagâg*
C'est l'aurore, le moment où les premières lueurs « fendent » le ciel.

4. *al fajur*
Ce moment est moins déterminé que les précédents. Il commence à l'aube, qu'on appelle aussi *fajur fajur* et se prolonge jusqu'à 10 h. On dit : *Fajur fajur, wakit al-cagâg cagga, nisallu l-subuh* « De très bon matin, au moment où les premières lueurs "ont fendu" le ciel, nous prions la prière de *subuh*. »

Les moments de la journée

« AL AWKÂT »

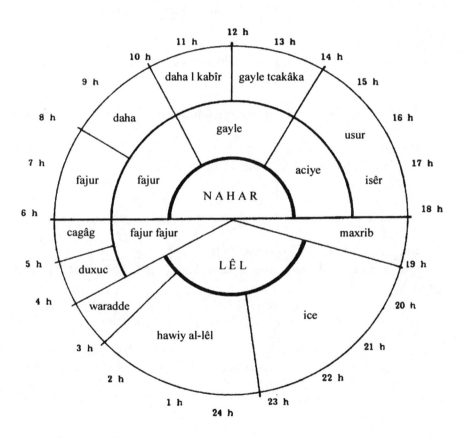

5. *al-daha*
C'est le moment où la matinée est très avancée, et où le soleil commence à chauffer, entre 8 h. et 10 h.

6. *daha kabîr*
C'est la fin de la matinée entre 10 h. et 11 h.

7. *al gayle*
C'est le moment le plus chaud du jour entre 11 h. et 13 h.

8. *aciye*
C'est l'après-midi, entre 14 h 30 et le coucher du soleil.

9. *al usur*
C'est la partie de l'après-midi où le soleil est visiblement sur le déclin.

10. *isêr*
C'est le moment qui précède le coucher du soleil, entre 17 h. et 18 h.

11. *al maxrib*
C'est le coucher du soleil, entre 18 h. et 18 h 30.

12. *al ice*
C'est le début de la nuit marquée par le dîner, *aca*, et la prière du soir.

13. *hawiy al-lêl* (litt. : « le gouffre de la nuit »)
C'est le moment le plus obscur de la nuit, entre 23 h 30 et 2 h 30 du matin.

VII. Les repas, les prières, les salutations...

1. Les repas

Le premier repas est le déjeuner *(fatûr)*. Il se prend généralement entre 6 heures et 7 heures du matin.
Le repas de midi *(xada)* est le repas principal de la journée.
Le repas du soir est le dîner *(aca)*.

Les travailleurs qui prennent très tôt leur *fatûr* avec simplement une tasse de thé ou de café ressentent le besoin d'une collation autour de 10 h. On l'appelle encore *fatûr*, et souvent aussi *kaskrût*.
Pendant le ramadan, la rupture du jeûne *(fatûr)* a lieu juste après le coucher du soleil. On boit alors quelques gorgées d'eau, de bouillie, ou d'autres liquides avant de faire la prière du *maxrib* et de prendre le copieux repas qui attend.
Tôt le matin, on se réveille mutuellement entre 3 h. et 4 h. du matin pour prendre le *sahûr* avant de recommencer le jeûne jusqu'au coucher du soleil.

2. Les prières

Les cinq principales prières de la journée sont :

1. *al-subuh*   vers 5 h. du matin
2. *al-duhur*   entre 13 h. et 14 h.
3. *al usur*   entre 16 h. et 17 h.
4. *al maxrib*   au coucher du soleil, entre 18 h. et 18 h 30
5. *al ice*   prière de la nuit après le diner et avant le coucher.

3. Les salutations

Le matin :

Sabah al xêr !	Bon matin !
Asbahtu âfe ?	Avez-vous bien passé le temps de *subuh* ?

A midi :

Gayyaltu âfe ?   Avez-vous bien passé le temps de midi ?

L'après-midi :

Amsêtu âfe !   Bonne fin de journée !

Le soir, après le coucher du soleil :

Axrabtu âfe ?   Avez-vous bien passé le temps du soir ?

La nuit, avant de se coucher :

Arugdu âfe !   Reposez-vous bien !
Allah yisabbîna !   Que Dieu nous accorde le matin !
Asbuhu alê xêr !   Passez un bon matin !

heures	repas	prières	salutations
1 h			
2 h			
3 h			
4 h	*sahûr hanâ ramadân*		Sabah al xêr !
5 h		*subuh*	Asbahtu âfe ?
6 h	*fatûr*		Ragadtu âfe ?
7 h			
8 h			
9 h			
10 h	*(fatûr)*		
11 h			
12 h			
13 h		*duhur*	Gayyaltu âfe ?
14 h	*xada*		
15 h			
16 h		*usur*	
17 h			Amsêtu âfe !
18 h			
19 h	*fatûr hanâ ramadân (aca)*	*maxrib*	
20 h			Arugdu âfe !
21 h		*ice*	Allah yisabbina !
22 h			Asbuhu alê xêr !
23 h			
24 h			

VIII. Comment compter l'argent

L'argent se compte en riyals[3]. Le *riyâl* correspond à la plus petite des pièces de monnaie et vaut 5 francs CFA. Voici quelques sommes exprimées en riyals, et correspondant aux pièces ou billets en circulation actuellement :

10 francs	*riyâlên*	deux riyals
25 francs	*xamsa riyâl*	cinq riyals
50 francs	*acara riyâl*	dix riyals
100 francs	*icirîn riyâl*	vingt riyals
500 francs	*miya riyâl*	cent riyals
1 000 francs	*mitên riyâl*	deux cents riyals
5 000 francs	*alif riyâl*	mille riyals
10 000 francs	*alfên riyâl*	deux mille riyals

Il n'est pas nécessaire d'ajouter chaque fois « *riyâl* » après le chiffre indiquant une somme. Pour signifier « Ça coûte vingt-cinq francs », on dit : *Da be xamsa.*

Katkat placé après la somme permet de faire la différence entre les pièces et le papier monnaie :

mitên riyâl karkat
1 000 francs en billet(s).

Avec un peu d'entraînement, on peut transposer en arabe, sans difficulté, une somme comme 11 110 francs CFA : *Alfên wa mitên wa icirîn wa tinên riyâl.*

Faites bien la différence entre :

Aciri sukkar hanâ miya !
Achète du sucre pour 500 F. !
(Cela implique que vous ayiez donné au moins 500 F. au – ou à la – commissionnaire.)

---

3. En 1999, le riyal vaut 5 F. CFA, soit 0,05 FF., ou 0,0076 euro.

Aciri sukkar be miya !
Achète du sucre avec ces 500 F. !
(Cela implique que vous avez donné un billet ou une pièce de 500 F. au – ou à la – commissionnaire, et que vous ne voulez pas qu'il – ou elle – achète du sucre pour la somme totale. Il vous faut donc lui préciser le montant – inférieur à 500 F. – pour lequel vous désirez qu'il – ou elle – vous en achète.)

IX. Compter avec les doigts

Tenez la paume de la main droite ouverte en face de vous, puis repliez

1. l'auriculaire, pour compter « un », *wâhid*
2. puis l'annulaire, pour « deux », *tinên*
3. puis le majeur, pour « trois », *talâta*
4. puis l'index, pour « quatre », *arba'a*
5. rejoignez tous les doigts pour signifier « cinq », *xamsa*.

On répète la même opération avec la main gauche pour compter de six à neuf. Pour signifier « dix », on joint les bouts dix doigts fermés. Pour signifier « vingt », on tape deux fois de suite l'ensemble des doigts joints de chaque main les uns sur les autres.

Enfin, lorsqu'on hésite entre deux nombres, on commence toujours par citer d'abord le plus grand.

Humman talâtîn walla xamsa wa icirîn.
(Litt. : Ils étaient trente ou vingt-cinq.)
Ils étaient entre vingt-cinq et trente environ.

Tagdar taciri sukkar hanâ sittîn walla arba'în riyâl.
(Litt. : Tu peux acheter du sucre pour 60 ou 40 riyals.)
Tu peux acheter du sucre pour 200 ou 300 francs.

Bibliographie sommaire

ABDEL-NABI (A.A.), 1988, *L'arabe dialectal du Tchad, Conte en arabe tchadien suivi d'un appendice de mots arabes en « am » et « abu »*, N'Djaména, ENS, dactyl., 31 p.
ABU ABSI (S.) et Sinaud (A.), 1968, *Basic Chad Arabic, I : The pre-speech, II : The active Phase*. Indiana University. The Intensive Language Training Center, V + 78 + 49 + 234 p.
ÂDUM (B.) et MAHAMAT (A.A.), 1969, *Proverbes et contes populaires en arabe dialectal de Fort-Lamy*, Fort-Lamy, dactyl., 38 p.
AOUN AL-CHARIF QASIM (Docteur), 1972, *Qâmûs al-lahjat al °âmîyat fî l-Sûdân*, Dâr al-sûdânîya li l-kutub, Khartoum, 857 p.
CARBOU (H.), 1913, *Méthode pratique pour l'étude de l'arabe parlé au Ouaday et à l'est du Tchad*, Paris, P. Geuthner, nouvelle éd. 1954, 251 p.
DÉCOBERT (C.), 1985, *Phonologies arabes du Tchad*, Paris, P. Geuthner, GLECS, Supplément n° 13, 171 p.
DECORSE (J.), GAUDEFROY-DEMOMBYNES (M.), 1906, *Rabah et les Arabes du Chari. Documents arabes et vocabulaire*, Paris, Librairie orientale et américaine, E. Guilmoto, 68 p.
DERENDINGER (R.), 1912, « Notes sur le dialecte arabe du Tchad », Extrait de la *Revue Africaine*, n° 286, Alger, A. Jourdan, 32 p.
— 1923, *Vocabulaire pratique du dialecte arabe centre-africain*, Paris, Imprimerie André Tournon, 191 p.
DIAGNE (P.) et FOURNIER (M.), 1976, *Utilisation et transcription des langues du Tchad. Enquêtes, Projet d'alphabet, Recommandations*, Rapport de la Mission Tchad / Unesco, N'Djaména, Institut national des sciences de l'éducation, mai-juin, pagination multiple.
Éléments pour une orthographe pratique des langues du Tchad, *Annales de l'Université du Tchad*, Série Lettres, Langues vivantes et sciences humaines, n° 6, numéro spécial, N'Djaména, INSE-CNRS, 1976, 242 p.

ESCUDERO (A.), 1971, *Notes d'arabe dialectal tchadien, 1969-1971*, Fort-Lamy, 30 + 10 p.

FAURE (P.), 1969, *Introduction au parler arabe de l'est du Tchad*, Lyon, Afrique et Langage, 92 + 50 + 66 p.

GAUTHIER (E.), 1971, *Méthode d'arabe tchadien*, N'Djaména, Université du Tchad, 183 p.

HAGÈGE (C.), 1973, *Profil d'un parler arabe du Tchad*, Paris, P. Geuthner, GLECS, Suppléments n° 2, 80 p.

HOWARD (C.G.), 1921, *Shuwa Arabic Stories, with an Introduction and Vocabulary*, Oxford, University Press.

JULLIEN de POMMEROL (P.), 1978, *Contes et chants du Tchad, contes arabes du Ouaddaï, transcrits, traduits et analysés*, Paris, EPHE, et Librairie Notre-Dame, Fort-Lamy, 447 p.

— 1997, *L'arabe tchadien. Émergence d'une langue véhiculaire*, Paris, Karthala, 174 p.

KAYE (A.S.), 1982, *A Dictionary of Nigerian Arabic*, Bibliotheca Afroasiatica, Undena Publications, Malibu, 92 p.

KAZIMIRSKI (A. de B.), 1860, *Dictionnaire arabe-français*, Tome premier et tome second, Paris, Maisonneuve et Cie, 1392 + 1638 p.

LETHEM (G.L.), 1920, *Colloquial Arabic, Shuwa Dialect of Bornu, Nigeria and of the Region of Lake Tchad*, Published by the Crown Agents for the Colonies, Londres.

MOÏNFAR (M.D.), 1975, « L'accentuation dans les parlers arabes du Tchad », in *Mélanges linguistiques offerts à E. Benvéniste*, SLP, LXX, Paris, pp. 427-430.

MURAZ (G.), 1926, *Vocabulaire du patois arabe tchadien ou « tourkou » et des dialectes sara-madjingaye et sara-mbaye (sud-ouest du Tchad), suivi de conversations et d'un essai de classification des tribus saras, Les superstitions locales, les coutumes et les pratiques de la médecine indigène dans la race sara*, Paris, Charles Lavauzelle et Cie, 322 p.

OWENS (J.), 1985, « Arabic dialects of Chad and Nigeria », *Zeitschrift für arabische Linguistik*, Wiesbaden, Otto Harrassowitz, pp. 45-61.

— 1987, « Buchbesprechung : Kaye, A.S. : A Dictionary of Nigerian Arabic (Malibu 1982 Undena, XVI, 92 p. Bibliotheca Afroasiatica, 1) » *Zeitschrift für arabische Linguistik*, pp. 108-111.

— 1993, *A Grammar of Nigerian Arabic*, Wiesbaden, Otto Harrassowitz, 276 p.

ROTH (A.), 1968, « I. Lexicographie, II. Dialectologie », *Dossiers de la R.C.P. n° 45, Populations anciennes et actuelles des confins tchado-soudanais*, Etudes arabes (1966-1967), Paris, CNRS, R.C.P. 45, pp. 2-34.

ROTH-LALY (A.), 1969, *Lexique des parlers arabes tchado-soudanais*, 4 tomes, Paris, Ed. du CNRS, 545 p.

—1971-1972 a, « Esquisse de la phonologie du parler arabe d'Abbéché », *Comptes rendus du G.L.E.C.S.,* XVI, pp. 33-79.

— 1971-1972 b, « A propos du statut et de l'expansion de l'arabe à Abbéché », *Comptes rendus du G.L.E.C.S.,* XVI, pp. 131-154.

— 1979, *Esquisse grammaticale du parler arabe d'Abbéché (Tchad)*, Paris, P. Geuthner, 244 p.

— 1987-1989, « L'arabe parlé au Tchad et au Soudan : quelques contributions à sa caractérisation », *Revue des Etudes islamiques*, LV-LVII, pp. 407-419.

SERGI (N.), 1973, *Nahaju-l-kalam arab : dix leçons façiles pour s'initier à la langue arabe du Tchad*, Mongo, 22 p.

TRIMINGHAM (J.S.), 1939, *Sudan Colloquial Arabic*, Oxford University Press, Londres, Geoffrey Cumberlege, 176 p.

WORBE (A.), 1959, *Essai de description phonologique d'un parler arabe*, [s.l.], 32 p.

— 1962, *Etude de l'arabe parlé au Tchad*, Fort-Lamy, 96 p.

ZELTNER (J.-C.), 1970, « Histoire des Arabes sur les rives du Lac Tchad. » *Annales de l'Université d'Abidjan*, Série F, Tome II, Fascicule 2, Abidjan, pp. 109-237.

ZELTNER (J.-C.), FOURNIER (M.), 1971, *Notice pour suivre un enregistrement en arabe salamat de la région du lac Tchad*, Fort-Lamy, 98 p.

ZELTNER (J.-C.), TOURNEUX (H.), 1986, *L'arabe dans le bassin du Tchad, Le parler des Ulâd Eli*, Paris, Karthala, 161 p.

Index[1]

ab- (préfixe), 44
abu- (préfixe), 44
accompli, 125, 204
accord, 82, 188, 200
adjectif, 71-83
adjectifs désignant des couleurs, 73
adjectifs formés avec un préfixe « a », 73
adjectifs indiquant une déformation, 74
adverbes, 105, 118
adverbes de lieu, 106, 107
adverbes de manière, 107, 114
adverbes de temps, 106, 110
adverbes interrogatifs, 107, 118
affirmation (la forme affirmative), 219
am- (préfixe), 44
annexion, 195
article, 62
aspect du verbe, 203
assimilation, 62, 63
attraction vocalique, 30
auxiliaire *gâ'id*, 66
chute d'une voyelle brève dans un mot, 26
cinquième forme, 159
classification des verbes à la forme simple, 132
collectifs, 58
comparatifs, 78
complément du nom, 182

complément non suffixé, 212
complément suffixé, 210
compléments circonstanciels, 213
composés avec « *am-* », « *ab-* » ou « *abu-* », 44
compter l'argent, 261
compter avec les doigts, 262
conjonctions, 241, 250
conjugaisons des verbes à la forme simple, 134
conjugaisons des verbes aux formes dérivées, 164
consonnes épenthétiques, 29
construction emphatique du complément direct, 212
contractions, 31
coordination, 239
date, 255
démonstratif, 89
désinences, 126, 130
détermination du nom, 181
deuxième forme, 158
diminutifs, 45
duel, 57
élision, 63
emphatique, 185, 212, 223
épenthèse, 28
exclamation (le type exclamatif), 121

---

1. Les chiffres renvoient aux pages du livre.

fêtes religieuses musulmanes, 254
« *fî* », 201
finalité, 236
forme caractéristique de certains noms, 37
forme simple, 125, 132, 134
formes dérivées, 67, 158, 164
fractions, 81
« *gâ'id* » (voir : auxiliaire), 66
gémination, 20
genre, 60, 68, 130
groupe nominal, 187
groupe prépositionnel, 193
groupe verbal, 203
groupes de verbes, 128
heure, 255
huitième forme, 161
idéophones, 123
immédiat, 208
impératif, 131
inaccompli, 128, 131, 205
inchoatif, 207
« *indi* », 193
intensifs, 37, 158
interjections, 121
interrogatifs, 91, 92, 107, 118
juxtaposition, 233
locutions, 7, 120
locutions adverbiales, 120
longueur des voyelles, 20
« *mâ fî* », 89
métathèses, 30
mois, 253
moments de la journée, 256
morphologie de l'accompli, 125
morphologie de l'inaccompli, 128
négation (la forme négative), 220
neuvième forme, 162
nom commun, 36
nom propre, 36
nombre, 53, 68, 130
nombres, 80, 82
nombres cardinaux, 80

nombres ordinaux, 81
noms collectifs, 58
noms d'action : « le fait de ... », 41
noms de métier, 37
noms dits « d'instrument », 38
noms dits « de lieu », 38
noms et adjectifs venant des participes, 39, 47, 52
noms féminins ayant un complément, 27
notation des consonnes, 11
notation des voyelles, 15
onomatopées, 123
ordre (le type impératif), 230
participe, 65, 67
participes actifs, 39-40, 47, 66, 68
participes passifs, 39-40, 52, 68
particules, 95, 119
passif (la forme impersonnelle), 222
phénomènes phonétiques, 25, 130
phrase complexe, 233
phrase emphatique, 223
phrase nominale, 197, 209
phrase verbale, 209, 215
pluriel, 53-56
pluriel des noms, 53
pluriels dits réguliers en « în », 56
pluriels irréguliers imprévisibles, 56
prédicat, 198, 216
prépositions, 95, 183
présentatif, 90
prières, 259
progressif, 208
pronom personnel, 85, 182
pronoms démonstratifs, 89
pronoms indéfinis, 92
prononciation, 12, 22
proposition « complétive », 235
position « relative », 233
quadrilitères, 157
quatrième forme, 159
radical, 125
relatif, 74, 79, 233

repas, 259
saisons, 249
septième forme, 161
sixième forme, 160
structure syllabique CVC, 25
subordination, 240
suffixe « în », 41, 56
sujet, 197, 215, 236, 238
superlatif absolu, 78
superlatif relatif, 74, 79
tableau, 40, 41, 250
terminé par deux consonnes (mot), 21
troisième forme, 158
verbe, 125, 128, 203
voyelles épenthétiques, 28

Abréviations

acc.	accompli
ar. cl.	arabe classique
C	consonne
cf.	se reporter à
CFA	(franc de la) Communauté financière africaine
chap.	chapitre
coll.	collectif
dactyl.	dactylographié
éd.	éditeur, édition
F.	franc
fém.	Féminin
i. e.	c'est-à-dire
inacc.	inaccompli
intr.	intransitif
litt.	littéralement
masc.	masculin
O	objet
P	prédicat
p.	page
pers.	personne(s)
pp.	pages
qqch.	quelque chose
qqn	quelqu'un
S	sujet
trans.	transitif
v.	verbe
V, v	voyelle
v:	voyelle longue
*	racine ou forme étymologique

Table des matières

Avant-propos 5

Introduction 7

PREMIÈRE PARTIE
ECRIRE ET LIRE LA LANGUE

Chapitre 1 : Notation des consonnes et des voyelles 11

A. Notation des consonnes 11
    I.   Prononciation des consonnes qui n'offrent aucune difficulté pour un francophone 12
    II.   Prononciation des autres consonnes 12
B. Notation des voyelles 15

Chapitre 1 bis : Arabic phonology for English-speakers 17

A. Consonants 17
B. Vowels 18

Chapitre 2 : Quelques règles pour la prononciation 19

A. Le « ' » au début et à la fin des mots 19
B. La gémination 20
C. La longueur des voyelles 20

D. Quand un mot est terminé par deux consonnes 21
E. Exercices de prononciation 22

Chapitre 3 : Quelques phénomènes phonétiques 25

A. L'importance de la structure syllabique CVC 25
B. Chute d'une voyelle brève dans un mot 26
C. Le cas des noms féminins ayant un complément 27
D. L'épenthèse 28
    I.   Les voyelles épenthétiques 28
    II.   Les consonnes épenthétiques 29
E. L'attraction vocalique 30
F. Les métathèses 30
G. Les contractions 31

DEUXIEME PARTIE

MORPHOLOGIE

Chapitre 4 : Le nom 35

A. Le nom propre 36
B. Le nom commun 36
    I.   Forme caractéristique de certains noms 37
        1. Les noms de métier, les « intensifs » 37
        2. Les noms dits « de lieu » 38
        3. Les noms dits « d'instrument » 38
        4. Les noms et adjectifs venant des participes actifs des verbes 39
        5. Les noms et adjectifs venant des participes passifs des verbes. 39
            a) Tableau des formes des participes actifs 40
            b) Tableau des formes des participes passifs 41
        6. Les noms d'action : « le fait de... » 41
            a) Le suffixe « în » 41
            b) Le schème *CaCi(C)* 42
            c) Le schème *CuCâC* 42
            d) Le schème *CaCûC* 43

e) Le schème *taCCîC* 43
f) Le schème *muCâCaCa* 43
7. Les mots composés avec « am- », « ab- » ou « abu- »... 44
8. Les « diminutifs »... 45

Index n° 1 : Noms et adjectifs venant des participes actifs 47
Index n° 2 : Noms et adjectifs venant des participes passifs 52

  II.   Le nombre (le pluriel, le duel, les collectifs) 53
        1. Le pluriel des noms 53
           a) Les pluriels en « *a â i* », ou en « *a â i* » 54
           b) Les pluriel en « *u â* » 54
           c) Les pluriels en « *u ân* » 54
           d) Les pluriel en « *u û* » 55
           e) Les pluriels en « *u u* » 55
           f) Les pluriels en « *î ân* » 55
           g) Les pluriels en « *ât* » 56
           h) Les pluriels dits réguliers en « *în* » 56
           i) Les pluriels formés par supplétisme 56
        2. Le duel... 57
        3. Les noms collectifs... 58
  III.   Le genre (masculin, féminin) 60
C. L'article 62
  I.   L'article *al* est invariable 62
  II.   Fonction de l'article 62
  III.   L'assimilation de l'article 62
  IV.   La voyelle « a » de l'article s'élide 63
  V.   Assimilation et élision 63

Chapitre 5 : Le participe 65

A. Le participe actif 66
  I.   Le participe actif des verbes à la forme simple..................... 66
        1. Le schème C_1 *â* C_2 *i* (C_3) 66
        2. L'auxiliaire *gâ'id* 66
  II.   Le participe des verbes aux formes dérivées........................ 67
B. Le participe passif 68
C. Le genre et le nombre des participes..................................... 68
  I.   Les participes actifs... 68
  II.   Les participes passifs.. 68

Chapitre 6 : L'adjectif 71

A. Forme caractéristique de certains adjectifs 71
    I. Différentes structures vocaliques à l'intérieur de la racine ... 71
        1. La structure morphologique en *CaCûC* 71
        2. La structure morphologique en *CaCîC* 71
        3. La structure morphologique en *CaCCânC* 72
        4. La structure morphologique en *CâCiC* 72
    II. Les adjectifs formés avec un préfixe « *a* » 73
        1. Les adjectifs désignant des couleurs 73
        2. Les adjectifs indiquant une déformation physique ou des sens 74
        3. Les superlatifs relatifs, invariables 74
    III. Les adjectifs composés d'un suffixe « *-i* » 75
        1. Le suffixe « *-i* » 75
        2. Le suffixe « *-âni* » 75
    IV. Les adjectifs venant des participes 76
        1. Adjectifs venant des participes actifs 76
        2. Adjectifs venant des participes passifs 77
B. Les comparatifs et les superlatifs 78
    I. Les comparatifs 78
    II. Le superlatif absolu 78
    III. Le superlatif relatif 79
C. Les nombres 80
    I. Les nombres cardinaux 80
    II. Les nombres ordinaux 81
    III. Les fractions 81
    IV. Lecture des nombres 82
    V. L'accord de ce qui est compté avec les nombres 82
        1. Lorsque ce qui est compté suit le nombre 82
        2. Lorsque ce qui est compté prècéde le nombre 83

Chapitre 7 : Le pronom 85

A. Les pronoms personnels 85
    I. Le pronom personnel sujet 85
    II. Le pronom personnel suffixe complément 86
    III. Emplois du pronom personnel suffixe complément 87
        1. Suffixé au mot « *nafis* » 87
        2. Suffixé au mot « *zât* » 88
        3. Suffixé à « *wehêd* » 89

TABLE DES MATIÈRES

    4. Suffixé au présentatif « *dâhû* » 89
        Suffixé à l'expression « *mâ fi* » 89
B. Les pronoms démonstratifs 89
   I. Le démonstratif proche et le démonstratif éloigné 89
      1. Le démonstratif proche 89
      2. Le démonstratif éloigné 90
      3. Le démonstratif peut être pronom ou adjectif 90
   II. Le présentatif 90
      1. Le présentatif proche 90
      2. Le présentatif éloigné 91
C. Les pronoms interrogatifs 91
   I. Concernant l'identité des personnes 91
   II. Concernant un choix à faire 91
   III. Des interrogatifs invariables 92
D. Le relatif 92
E. Les pronoms indéfinis 92

Chapitre 8 : Les particules 95

A. Les prépositions 95
B. Les adverbes 105
   I. Liste des principaux adverbes 106
      1. Principaux adverbes de lieu 106
      2. Principaux adverbes de temps 106
      3. Principaux adverbes de manière 107
      4. Principaux adverbes interrogatifs 107
   II. Liste des exemples 107
      1. Les adverbes de lieu 107
      2. Les adverbes de temps 110
      3. Les adverbes de manière 113
      4. Les adverbes interrogatifs 118
C. D'autres adverbes ou particules 118
D. Locutions adverbiales 120
   I. Les locutions adverbiales avec *ke* 120
   II. D'autres locutions 120
E. Exclamations et interjections 121
F. Onomatopées et idéophones 122
G. Quelques cris d'animaux 123

Chapitre 9 : Le verbe.. 125

A. Morphologie du verbe à la forme simple (1ère forme) 125
    I.   Morphologie de l'accompli 125
        1. Le radical.. 125
        2. Les désinences.. 126
        3. Les deux groupes de verbes 128
    II.   Morphologie de l'inaccompli 128
        1. Les éléments préfixés indiquant la personne 129
        2. La structure et la voyelle du radical 129
        3. Les désinences indiquant le genre et le nombre......... 130
        4. Autres phénomènes phonétiques................................ 130
        5. Tableau des éléments du verbe à l'inaccompli 131
    III. La formation de l'impératif.. 131
    IV. Classification des verbes à la forme simple 132
    V.   Conjugaisons des verbes à la forme simple...................... 134
    VI. Les verbes quadrilitères... 157

B. Morphologie du verbe aux formes dérivées............................ 158
    I.   Les neuf formes dérivées du verbe..................................... 158
        1. Rappel 158
        2. La deuxième forme : *CaCCaC* 158
        3. La troisième forme : *CâCaC* 158
        4. La quatrième forme : *aCCaC* 159
        5. La cinquième forme : *alCaCCaC* 159
        6. La sixième forme : *alCâCaC* 160
        7. La septième forme : *anCaCaC* 161
        8. La huitième forme : *iCtaCaC* 161
        9. La neuvième forme : *istaCCaC* 162
    II.   Tableau récapitulatif des formes dérivées......................... 163
    III. Conjugaisons des verbes aux formes dérivées 164

TROISIEME PARTIE

SYNTAXE

Chapitre 10 : La détermination et le complément du nom............... 181

A. La détermination du nom 181
B. Le complément du nom.. 182

I. Lorsqu'il est un pronom personnel suffixe 182
II. Lorsqu'il est un nom mis en état d'annexion 182
III. Lorsqu'il est introduit par une préposition 183
IV. Niveaux stylistiques 185

Chapitre 11 : Le groupe nominal 187

A. Les constituants du groupe nominal 187
B. Les qualificatifs et leur accord 188
C. Tableaux et exemples 190

Chapitre 12 : Le groupe prépositionnel 193

A. Statut spécial de « *indi* » 193
B. Rappel : le groupe prépositionnel et l'annexion 195

Chapitre 13 : La phrase nominale 197

A. Le sujet en première position 197
B. Le prédicat 198
C. L'ordre des constituants 199
D. L'accord 200
E. Le statut de *fi* 201

Chapitre 14 : Le groupe verbal 203

A. Le verbe 203
   I. L'aspect du verbe 203
      1. L'accompli 204
      2. L'inaccompli 205
      3. L'inchoatif 207
      4. Le progressif 208
      5. L'immédiat 208
   II. Le temps 209
      1. Dans la phrase nominale 209
      2. Dans la phrase verbale 209
B. Le complément 210
   I. Le complément suffixé au verbe 210

    II. Le complément non suffixé 212
    III. La construction emphatique du complément 212
    IV. Les compléments circonstanciels 213

Chapitre 15 : La phrase verbale 215

  A. Le sujet 215
  B. Le prédicat 216
  C. Remarques 217

Chapitre 16 : Modification de la phrase simple 219

  A. Les formes 219
    I. L'affirmation 219
    II. La négation 220
    III. L'expression du passif 222
    IV. La phrase emphatique 223
  B. Les types 225
    I. Le type interrogatif 225
    II. Le type impératif 230
    III. Le type exclamatif 231
  C. Tableau : les formes et les types dans la phrase 232

Chapitre 17 : La phrase complexe 233

  A. La juxtaposition 233
    I. La proposition relative 233
      1. Lorsque l'antécédent est indéterminé 233
      2. Lorsque l'antécédent est déterminé 234
      3. Lorsque l'antécédent est non exprimé 234
    II. La proposition complétive 235
    III. Une expression de la finalité 236
      1. Un même sujet pour les deux verbes 236
      2. Un sujet différent pour deux verbes 238
  B. La coordination 239
  C. La subordination 240
    I. Les différentes conjonctions et locutions 241
    II. Tableau des conjonctions et des locutions 250

Chapitre 18 : Quelques points de repère 253

    I.   Les mois 253
    II. Les principales fêtes religieuses musulmanes 254
    III. Les jours de la semaine 255
    IV. La date 255
    V.   L'heure 255
    VI. Les moments de la journée. 256
    VII. Les repas, les prières, les salutations 259
    VIII. Comment compter l'argent 261
    IX. Compter avec les doigts 262

Bibliographie sommaire 263

Index 267

Abréviations 270

Achevé d'imprimer en juin 1999
sur les presses de la Nouvelle Imprimerie Laballery
58500 Clamecy
Dépôt légal : juin 1999
Numéro d'impression : 906028

Imprimé en France